마음의 공기를 정화시키는
오쇼의 향기

OSHO FRAGRANCE

OSHO FRAGRANCE by Swami Chaitanya Keerti
Copyright ⓒ 2006 Swami Chaitanya Keerti All rights reserved.
Originally published in INDIA by WISDOM TREE CO, INDIA.
Korean translation rights arranged with WISDOM TREE PUBLISHING CO, INDIA
Through BEST AGENCY Seoul.

이 책의 한국어판 저작권은 베스트 에이전시를 통한 WISDOM TREE와의
독점 계약으로 나래북·예림북이 소유합니다. 신저작권법에 의하여 한국 내
에서 보호를 받는 저작물이므로 무단전재와 부단복제를 금합니다.

OSHO FRAGRANCE
마음의 공기를 정화시키는
오쇼의 향기
스와미 챠이타냐 키르티 지음 | 이지선 옮김

나래북

서문 | 마음을 다스리는 명상

오쇼의 지혜는 향기처럼 퍼진다

『오쇼의 향기』는 스와미 차이타냐 키르티가 지난 2년간 여러 신문에 기고했던 글들을 모아 엮은 책이다. 2003년에서 2004년까지 일간지에 실렸던 글들을 열심히 찾아주었던 마 프렘 나이나에게 특별히 고마움을 전한다. 수십만 명이 넘는 사람들이 이미 이 글을 읽었을 테지만, 일간지의 수명은 하루를 넘지 못한다. 이 귀한 글에 더 긴 생명을 불어넣기 위해 이렇게 책으로 출판하게 되었다. 오쇼의 통찰력에서 영감을 받은 이 글들은 특정한 기간에 쓰이긴 했지만 영원한 진리가 담긴 오쇼의 메시지를 전한다. 이 책을 매개로 오쇼의 지혜가 향기처럼 퍼질 것이다.

스와미 차이타냐 키르티는 오쇼의 제자로, 30년 넘게 스승의 메시지를 전했다. 오쇼의 인도로 네오산야스neo-sannyas(새로운 형식의 수행자)가 된 후, 그는 이 놀이에 전념했다(그에게 이것은 일이 아니었다). 그는 인도의 많은 도시를 여행하며 키르탄kirtan(신에게 바치는 찬가를 부르는 의식) 그룹과 함께 거리에서 노래하고 춤추었다. 그리고 2년 후, 펀자브의 루디아나에서 《오쇼 매거진》을 편집하고 발행하기 시작했다.

1974년에 오쇼는 그에게 자신의 아쉬람(명상 캠프)으로 올 것을 권했고, 거기서 그는 《오쇼 타임즈 인터내셔널》의 전신인 《라즈니쉬 파운데이션 뉴스레터》의 편집자가 되었다. 2001년 5월부터는 《오쇼 월드 매거진》을 발행했다. 이 잡지는 힌디어뿐 아니라 영어로도 발간되며, 뉴델리의 오쇼 월드 파운데이션에서 발간한다. 스승의 권유에 따라 그는 오쇼의 강연 내용을 인용했고 많은 매체에 글을 기고했다.

그의 의도를 충실히 반영한 이 향기로운 책이 그대에게 영감을 줄 것이라고 나는 확신한다. 이 책은 오쇼의 600권이 넘는 책과 강연 내용을 더 깊이 이해하는 계기가 될 것이다.

마 샤신Ma Shashin

차례

서문 |4

CHAPTER 1. 자아 |7

CHAPTER 2. 의식 |33

CHAPTER 3. 웃음, 포옹, 진정한 환희 |109

CHAPTER 4. 지금 여기 |133

CHAPTER 5. 사랑을 찬미하라 |145

CHAPTER 6. 명상 |183

CHAPTER 7. 시바와 샤크티 |245

CHAPTER 8. 관계 |258

CHAPTER 9. 붓다 |277

CHAPTER 10. 스승과 신비가 |301

CHAPTER 11. 선 |337

찾아보기^{Index} |350

CHAPTER 01

자아

그대의 명상이 꽃피기 시작할 때, 그대의 몸 안에서 새로운 무언가가 탄생하지는 않으리라. 다만 그대는 사라지리라. 푸른 하늘로 사라지는 향과 푸른 하늘로 사라지는 장미향과 같이……. 그대는 우주의 일부가 되리라. ─오쇼

긍정적인 기운을 발산하라

인간은 살아가는 동안 자신의 생각과 감정 그리고 기운을 주변에 끊임없이 발산한다. 움직이지 않고 가만히 있을 때도 그렇다. 인간은 특히 몸에서 생체전기를 발산하며, 이 전기 파동은 주변으로 퍼진다. 그래서 누구나 어디를 가든, 어디에서 살든 자기만의 독특한 기운을 주변에 풍기게 마련이다. 그 사람이 어떤 기운을 풍기느냐에 따라 상대방의 기분이 달라질 수 있다. 예를 들어 어떤 사람과 있을 때는 갑자기 즐겁고 행복해지다가도 다른 어떤 사람과 있을 때는 갑자기 슬프거나 우울한 기분이 들기도 하고, 오히려 기운을 빼앗기는 기분이 들 수도 있다. 혹은 아무런 감정을 느끼지 못한 채 단순히 무기력해지기도 한다.

명상을 함으로써 그대는 생기로 가득 찬 존재가 되어 긍정적인 기운을 주변에 발산할 수 있다. 명상하는 사람은 함께 있는 상대에게 즐거움이 되는 존재다. 그 사람의 존재로 말미암아 상대의 기분이 한결 밝아진다. 마음이 편안해지고 원기가 회복되는 느낌을 받기도 한다. 나아가 기쁨이 존재 속으로 들어온다.

그리하여 그대의 프라나prana(에너지)는 확장된다. 이는 결코 상상이나 망상이 아니다. 실제로 이런 작용이 일어나며, 감수성이 예민할수록 더 빨리 경험할 수 있다. 그래서 누구와 관계를 맺고, 또 함께 시간을 보내는지는 매우 중요한 문제다. 감수성이 예민한 사람은 친구를 사귈 때도 신중하다. 그 만큼 삶은 소중하기 때문이다.

오쇼는 삶을 사랑으로 채우라고 우리에게 말한다. 사랑을 실천하라. 방 안에 혼자 있을 때도 사랑을 실천하라. 사랑을 발산하라. 방 안을 사랑의 에너지로 채우라. 새로운 주파수로 진동하는 걸 느껴라. 마치 그대가 사랑의 바다 속에 있는 듯 흔들림을 느껴라. 주위에 사랑의 에너지가 진동하도록 하라. 이제 그대는 무언가가 일어나고 있음을 몸소 느끼기 시작하리라. 그대의 기운이 변하고 있고, 그대의 몸을 둘러싼 무언가가 변하고 있음을. 따뜻함이 몸을 둘러싸고 퍼지고 있음을……. 그대는 더욱 생기발랄해진다. 잠은 사라진다. 의식이 깨어난다. 이 사랑의 바다 속으로 빠져 물결처럼 흔들리라. 춤추고 노래하며 그대의 공간을 사랑으로 채우라.

누군가에게 의존하는 사랑은 부족한 사랑이다. 그대 안에서 생겨나는 사랑, 그대가 스스로 창조한 사랑이야말로 진정한 에너지다.

나를 아는 것이 신에게 이르는 길

오쇼는 우파니샤드[1]에 실린 아름다운 이야기를 전한다. 시웨타케투라는 한 젊은 남자가 구루[2]의 가르침을 받은 후 구루쿨[3]을 떠나 집으로 돌아왔는데, 스스로 학식이 풍부하다며 자만했다. 그의 아버지인 예언자 우달락은 그 모습을 보고 실망했다. '저것은 배운 사람의 모습이 아니다! 저토록 거만해지다니, 학식이 있다면 결코 저럴 리가 없다.'

아들이 아버지에게 다가와 아버지의 발을 만졌지만, 이는

---
[1] 우파니샤드Upanishads: 브라만교의 성전 베다에 소속하며, 근본 사상은 만유의 근본원리를 탐구하여 대우주의 본체인 브라만(梵)과 개인의 본질인 아트만(我)이 일체라고 하는 범아일여(梵我一如)의 사상으로 관념론적 일원철학을 설한다.
[2] 구루Guru: 힌두교, 불교, 시크교 및 기타 종교에서 일컫는 영적 스승으로 자아를 터득한 신성한 교육자를 지칭한다.
[3] 구루쿨Gurukul: 구루와 기숙하며 공부하는 고대 학교.

형식적인 행동이었다. 저토록 이기적인 사람이 어떻게 몸을 굽혀 절할 수 있단 말인가?

아버지는 말했다. "시웨타케투, 너는 몸을 굽혔지만 몸을 굽힌 것은 네가 아닌 네 몸일 뿐이다. 너는 대체 무엇을 배웠느냐? 왜 그토록 거만한 것이냐? 학식이 있는 사람은 겸손한 법이다. 너는 하나를 알면 하나가 모든 걸 알게 된다는 이야기를 들어보았느냐?"

시웨타케투가 말했다. "그게 무슨 말씀이시죠? 어떻게 하나를 알면 하나가 모든 걸 알 수 있나요? 말도 안 됩니다! 저는 학교에서 배울 수 있는 모든 것을 배웠고, 가르쳐준 모든 주제에 깊이 통달했습니다. 스승님께서는 제게 이렇게 말씀하셨습니다. '너는 모든 걸 알았으니 이제 집으로 돌아가도 좋다.' 그래서 이렇게 돌아왔습니다. 그렇지만 저는 '하나'에 대해 들어본 적이 없습니다. 어떻게 하나를 알면 하나가 모든 걸 알 수 있는지요?"

우달락은 대답했다. "하나는 바로 너다. '타트 밤 아시Tat twam asi(네가 바로 그것이다).' 이 하나를 알면 모든 걸 알게 될 거다. 너는 여태 쓸데없이 정력만 소모했다. 돌아가거라! 하나를 알고 하나가 모든 걸 알게 될 때까지 돌아올 생각은 말아라. 우리 가문에서 어느 누구도 이름만으로 브라만[4]이 된적이 없기 때문이다. 우리는 스스로를 브라만이라고 부른다. 브라마⁵를 알기 때문이다. 네가 이 하나를 알지 못한다면 우리 가문의 사람이 될 수 없다. 돌아가거라!"

시웨타케투는 학교로 되돌아갔고, 10년에서 12년의 세월이 흐른 후 집으로 돌아왔다. 아버지는 그가 오는 걸 본 순간 뒷문으로 달아났다. 아내가 물었다. "어딜 가는 거예요? 지금 아들이 오고 있잖아요."

우달락이 대답했다. "나는 아들의 얼굴을 마주할 수 없다오. 게다가 아들이 내 발을 만지게 할 수도 없다오. 필시 어색해 보일 거요. 아들은 진정으로 브라만이 되었소. 이제 브라마를 알게 된 거요. 브라마는 생명의 궁극적인 원천이요. 나는 타고나기를 브라만이었지만, 아들은 노력하여 브라만이 되었다오. 아들이 내 발을 만지지 않아도 어색해 보일 테고, 내 발을 만져도 어색할 것이며, 내가 아들의 발을 만진다면 그 또한 어색한 일일 거요. 그러니 도망가는 편이 낫겠소. 나 또한 스스로 깨달음을 얻어 브라만이 되거든 그때 돌아오리다."

---

4 브라만Brahman: 인도 카스트 제도의 가장 높은 계층으로 주로 성직자 계층. 브라만은 브라만교 우주의 근본 원리이다. 아트만이 인격적 원리라면 브라만은 중성적(中性的) 원리라 할 수 있다.
5 브라마Brahma: 범천(梵天) 비인격적인 중성(中性)의 브라만(梵)을 남성형으로 인격화한 힌두교의 창조신으로 비슈누, 시바와 함께 삼주신으로 불림.

고요한 내적 자아가 행동을 다스린다

　폭력은 일종의 결과이자 외적인 표현이다. 분노도 그렇고, 사악한 감정은 모두 그렇다. 어떤 사람은 돈을 모으는 데 집착하거나 타락한다. 이런 행동은 원인에서 비롯된 결과일 뿐이다. 우리는 원인을 알지 못한 채 특정한 결과에 대해서만 반응하곤 한다. 원인이 있는 한 결과는 따라오게 마련이다. 근본이 사라지지 않는 한, 그로 인한 결과는 늘 존재할 것이다. 분노는 홀로 생기지 않는다. 분노의 이면에는 그 사람의 특정한 성향이 있고, 성향의 이면에는 근원적인 본성이 있다. 안에서 밖을 다스리라. 내면이 근본적으로 변화하지 않으면 외적인 사악함을 극복할 수 없다.
　심리학자들은 인간의 근원적인 본성을 분석해왔다. 본성은 특정한 성향을 만들고, 결국 특정한 결과를 일으킨다. 모든 경전은 외적인 변화에 대해서만 이야기하지 않으며, 내면의 근본적인 변화를 강조한다. 나는 가족과 집을 떠나 구도자의 삶을 살기를 바라는 사람들에게 이렇게 질문한다. "의지력으로 비폭력, 절제, 무탐無貪을 실현하는 것이 가능할까?"

그들은 그것이 가능하다고 말한다. 우리는 의지력을 발휘하여 무엇을 하겠다고, 혹은 하지 않겠다고 결심한다. 예를 들어 나는 거짓말을 하지 않겠다고 맹세한다. 그러나 더 이상 거짓말을 하지 않거나 화내지 않으리라고 보장할 수 있는가? 의지력만으로 비폭력을 실현할 수 있다면 얼마나 좋겠는가? 자신을 괴롭히는 사악한 본성을 극복하겠다고 결심할 수는 있어도 결심만으로는 문제가 해결되지는 않는다. 한마디 말로 원하는 결과를 이룰 수 있다면 얼마나 좋겠는가.

종교적인 신비가들은 행동을 다스리는 한 가지 방법을 제시했다. 바로 마음과 몸과 혀를 단련하는 것이다. 이렇게 단련하면 목적하는 바를 이룰 수 있다. 고요한 마음에서 비폭력이 나온다. 순수하고 고요한 마음에 절제가 따르고 무탐이 따른다. 하지만 마음이 어지러우면, 정신없이 싸돌아다니는 원숭이와 같이 어지럽다면, 사람과 물질에 집착하여 여러 대상을 좇는다면, 그러한 마음에 어떻게 비폭력이나 절제가 따를 수 있겠는가? 원숭이처럼 행동하면 그런 결과는 오지 않는다. 행동을 다스리기가 그렇게 간단하다면, 나는 온 세상 사람들을 구도자의 삶에 이르게 할 수도 있었을 것이다. 말 한마디로 뭐든 이룰 수 있다면! 그러나 현실은 그렇지 않다. 어떤 영적 구도자는 명상이 미처 무르익기도 전에 성급히 다음 단계로 나아가려다가 항상 발걸음을 되돌려야 했다.

잠든 의식을 깨워라

통찰력 있는 신비가인 크리슈나무르티는 이렇게 말했다. "우리가 실없이 남의 이야기를 수군대는 이유는 자신이 생각하고 행동하는 과정에 충분히 관심을 쏟지 않아서이다."

사람의 평균 수명은 대개 60~70년이다. 이 시간 동안 사람은 무엇을 하는가? 대부분 남에 대해 수군거리고, 자신과 직접 관련이 없거나 실제로 일어나지 않을 일을 생각하며 걱정한다. 그래서 자신의 인생을 위해 무언가를 할 수 있는 시간은 얼마 없다.

삶은 참으로 소중하다. 진심으로 이 사실을 깨닫는다면, 사소한 문제에 신경 쓰느라 시간을 허비하지 않을 것이다. 그 대신 자신의 의식을 깨우고 높이는 데 더 많은 시간을 보낼

것이다.

러시아의 신비가 구르지예프는 말했다. "우리는 의식이 잠자고 있는 상태에서 산다. 완전히 깨어 있는 의식으로 사는 시간을 계산해보면 60년 동안 5분을 채 넘지 않을 것이다. 60년 중 20년은 잠을 자는 데 쓴다. 나머지 40년간은 몽상에 잠기고 야망과 욕망을 달성하며 헛된 희망을 좇는다. 결국 우리 손에 남은 것은 아무것도 없다."

구르지예프는 손목시계에 있는 초침이 한 바퀴 다 돌 때까지 초침의 움직임에만 정신을 온전히 집중할 수 없다고 말한다. 우리의 정신은 쉽게 산만해진다. "완전히 집중하기까지 3개월이 걸릴지도 모른다. 이것이 바로 우리의 의식 상태다. 우리의 의식은 늘 산만하다. 산만한 상태에서는 삶을 진정으로 찬양할 수 없다. 육체는 거기에 있지만, 정신은 거기에 없다. 정신이 혼란스러울 때 존재는 이 혼란 속에 완전히 가려진다. 명상은 이러한 혼란에서 벗어나게 해주고 깨어 있는 삶으로 이끌어 준다."

감정을 바꾸는 장치

러시아의 신비가 구르지예프는 20세기의 위대한 현자였다. 교육은 제대로 받지 않았지만, 아우스펜스키, 캐서린 맨스필드와 같이 지적인 제자들을 거느렸다. 지적 능력이 높아도 스승의 가르침을 이해하는 일이 얼마나 힘든지를 깨달았다.

구르지예프는 제자들에게서 온갖 종류의 감정을 끌어내기 위해 여러 상황을 연출했고, 그들이 그 감정과 직접 마주하도록 했다. 구르지예프가 연출한 상황에서 제자는 스승이 연출한 상황이라는 사실을 깨닫지 못하고 그만 이성을 잃게 된다.

오쇼는 그러한 상황을 '그룹 장치group device'라고 불렀다.

그러한 상황은 특히 자아실현의 장이 되는 학교에서 효과적으로 연출될 수 있다. 구르지예프가 "평정심을 유지하라!"라고 외칠 때, 그제야 제자는 '연출' 된 상황이었음을 깨닫는다. 그렇다고 해서 감정의 동요가 사라지지는 않는다. 동요가 이미 육체에 뿌리를 내렸기 때문이다.

오쇼는 설명했다. "분노는 갑자기 사라질 수 없다. 속았다는 사실을 안다 해도, 아무도 그대를 모욕하지 않았고 그럴 의도가 없었다는 걸 깨닫는다 해도 분노를 잠재우기란 어렵다. 분노는 존재한다. 그대의 몸은 분노로 가득하다. 그러나 갑자기 체온이 내려간다. 분노는 오로지 그대의 몸에만 머물러 있다. 마음이 진정되면서 그대는 그대 안에 평정이 찾아오는 순간이 있다는 걸 알게 된다. 그대는 웃기 시작한다. 그대의 두 눈은 분노로 충혈되고 얼굴은 사납게 일그러져 있지만, 그대는 웃기 시작한다. 그대는 두 가지 사실을 안다. 완전히 평정을 되찾은 내면과 여전히 평정을 잃은 외면을."

몸은 신성하다

오쇼는 『오라, 오라, 내게 다시 오라』에서 "나는 삶을 몹시도 사랑하므로 축복을 가르친다. 모두가 축복 받아야 한다. 모두가 살아가면서 사랑 받을 자격이 있다. 어떤 것은 세속적이고 어떤 것은 신성하지 않은 것이 아니다. 내게는 모든 것이 신성하다. 사닥다리 맨 아래 디딤대에서 맨 꼭대기에 이르기까지. 그것은 같은 사닥다리다. 육체에서 영혼까지, 육체적인 것에서 영적인 것까지, 섹스에서 삼매三昧5까지 모든 것이 신성하다!"고 하였다.

환희는 다양한 차원으로 존재한다. 몸이 첫 번째 차원이다. 육체적인 차원에서 환희를 느끼지 못하면, 더 심오한 차원인 마음과 영혼에서 느끼는 환희를 어떻게 알 수 있단 말인가? 처음이 중요하다. 몸은 내면으로 떠나는 여행의 첫 번째 단계다. 모든 아이는 본능에 따라 육체적인 환희를 느끼며 그 느낌을 즐긴다. 하지만 부모와 사회가 아이에게 자연스러운 본능을 억누르도록 가르치면서, 아이는 부모와 사회가 용납하지 않는 무언가가 자신에게 내재돼 있음을 깨닫는다. 그리하여 부자연스러운 여행이 시작된다.

가족이 높은 교양을 지닐수록 그 여행은 더욱 부자연스러워진다. 사람은 본성에서 멀어질수록 점점 타락하게 된다.

우리가 앓고 있는 병은 대부분 부자연스러운 생활방식 때문에 생긴다. 신경증과 정신분열증은 자연스러운 삶을 살지 않은 결과다. 자신과 조화를 이루며 살지 않고 본능을 있는 그대로 받아들이지 않은 결과인 것이다. 명상의 첫 번째 단계는 몸을 받아들이고 몸의 감각 하나하나를 느끼며 온전히 자각하는 것이다. 우리는 몸과 영혼을 분리해서는 안 된다. 실제로 몸과 영혼은 하나다. 몸은 영혼의 발현이고, 영혼은 눈에 보이지 않는 몸이다. 이 둘은 불가분의 관계에 있다. 영혼이 몸 없이 존재할 수 있을까? 물론 그럴 수도 있다. 그러나 어떻게 알겠는가! 몸은 영혼 없이 살 수 있을까?

---

5 삼매三昧: 불교 수행의 한 방법 심일경성(心一境性)이라 하여, 마음을 하나의 대상에 집중하는 정신력.

그럴 수 없다. 몸은 숨쉬고 진동하기 위해 영혼이 필요하다. 이 둘은 하나로 연결되는 유기적 합일체로 함께 존재한다. 이것이 요가의 의미다. 몸과 영혼은 아드바이타[6]에서 함께 존재하듯 이원적이지 않다. 무지할 때만 아드바이타를 인식하지 못한다. 아드바이타는 우리가 몸과 함께 행동할 때 필요한 올바른 태도를 알려준다. 그래서 우리는 몸의 신성함을 느끼고 몸을 아무렇게나 다루는 행동을 멈추게 된다. 몸을 신성한 사원으로 여긴다면 나쁜 행동을 하거나 몸을 더럽히는 일은 불가능하다. 우리는 이 사원을 늘 깨끗하게 유지해야 한다는 사실을 안다. 그러니 사악하고 불건전한 것에 마음을 빼앗길 이유가 없다. 신성함 그 자체인 사원을 느끼고 떠올린다면 몸을 함부로 다루지 못할 것이다.

문제는 대부분의 사람들이 이런 식으로 몸을 느끼도록 배우지 못한 데 있다. 대개는 몸이 온갖 죄의 온상인 양 죄스럽게 여기도록 배운다. 청교도 성직자들과 엄격한 도덕주의자들을 필두로 한 여러 종교들이 이에 책임이 있다. 처음에 그들은 우리 몸에 대해 억지스러운 비난을 퍼붓는다. 결국 우리 몸을 부끄럽게 여기는 감정이 조건반사처럼 일어난다.

그러므로 우선 몸을 부끄럽게 여기고 비난하는 일을 그만두어야 한다. 우리 몸에 자연스러워지라. 몸을 사랑하고 존중하

라. 신성한 사원에 들어가는 것처럼 내면에서 몸을 느껴라. 몸은 신성을 구현하기 때문이다. 균형 있게 몸의 모든 욕구를 충족하라. 적당하게 운동하되 지나치게 진지해지지 말라. 즐겁게 운동할 때 활기차게 하루를 시작할 수 있다. 그대의 하루를 가능한 한 깨어 있는 의식으로 살라. 그대의 몸 안에서 자신을 느껴라. 보통 우리가 앉고 서고 걷고 말하고 움직이는 동안 오로지 몸만 있고 자신은 없는 것 같다. 우리는 대개 몸을 질질 끌고 다닌다. 매 순간을 깨어 있는 의식으로 산다면 몸은 전에 없던 우아함과 기품을 풍기리라. 매 순간 의식을 깨우라. 몸에서 기적이 일어나는 걸 보게 되리라.

몸은 스스로 즐거움을 누린다는 걸 알게 되리라. 숨을 쉬거나 수영을 하거나 조깅을 해보라. 그리고 가만히 앉아 온몸이 즐거워하는 걸 느껴라. 그대의 몸에 관심을 집중하여 몸을 이루는 모든 세포가 살아나게 하라. 몸에서 경건함을 느끼지 못한다면 어디에서도 신을 보지 못할 것이다. 몸을 사원 혹은 시크교 사원, 교회, 메카[7], 메디나[8]가 되게 하라. 신은 그대 안에 있다.

---

6 아드바이타Advaita: 인도 6파 철학의 하나인 베단타학파에 속하는 불이일원론(不二一元論).
7 메카Mecca: 이슬람의 가장 신성한 도시로 사우디 아라비아의 마카 주의 수도. 무슬림에서는 일생에 한 번 이상 순례할 것을 의무함. 어떤 집단의 중요한 장소를 가리키는 대명사가 되었다. 비유적 표현.
8 메디나Medina: 이슬람교 성지이며, 메카 북쪽 약 340km 지점, 와디함두강 상류의 오아시스 지역에 있다. '메디나'라는 이름은 본래 '예언자의 도시'라는 말의 준말.

육체적인 즐거움을 누리는 건 잘못이 아니다. 육체적인 즐거움을 필요한 만큼 누리지 않으면 강박 관념에 시달리게 된다. 이 강박관념이 결국 타락으로 이끌 것이다. 그리고 지옥으로 향하는 끔찍한 여행이 그대를 기다릴 것이다. 지옥은 몸의 병을 의미한다. 몸을 수치스럽게 여기고 몸이 원하는 것을 거부하면, 이는 존재를 해치는 독소로 작용하며 결국 건강하지 못하게 만든다. 그러면 몸과 쉽사리 하나가 되지 못한다. 이것이 진짜 병이다.

우리가 우리 몸을 편안히 받아들이도록 하는 것이 사하즈 요가[9]다. 자신의 몸과 조화를 이루는 것이 진짜 건강이다.

명상에 이르는 첫 번째 단계는 자신의 몸을 사랑하는 것이다. 몸을 수치스러워하고 비난하는 일을 그만두라. 몸을 존재의 가장 큰 선물로 받아들일수록 몸은 더 건강해지고 아름다워진다. 그러나 거부할수록 몸을 무겁게 끌고 다니게 되고, 결국 걸어 다니는 무덤이 되고 말리라. 몸을 무덤이 아닌 사원으로 만들라. 몸을 사랑하고 몸에 감사하는 마음으로 삶을 가득 채우라. 몸이 원하는 것에 귀 기울이라. 몸에 관심을 집중하고 진심으로 대하라. 그러면 몸이 전에 느껴본 적 없는

---

[9] 사하즈 요가Sahaj: 사하자 Sahaja. 자연의 길(自然道). '어떤일이 일어나든 거기에 저항하지 않는다'는 뜻으로 모든 일을 있는 그대로 받아들이는 태도를 가르킴.

즐거움과 환희를 전해줄 것이다. 이 첫 번째 단계가 몸과 조화를 이루기 위한 올바른 시작이다.

  오쇼는 다음과 같이 우리를 일깨운다. "몸은 존재 중에 가장 복잡한 구조다. 매우 경이롭다! 몸의 경이를 느끼는 사람은 축복 받은 사람이다. 자신의 몸 안에서 경이로움을 느껴라. 몸이야말로 그대와 가장 가까이에 있기 때문이다. 본성이 그대에게 가장 가까이 다가왔을 때 신이 가장 가까이 온 것이다. 그대의 몸 안에 대양의 물, 별의 반짝임, 태양의 찬란함, 맑은 공기의 신선함이 있으며, 그대의 몸은 흙으로 만들어졌다. 그대의 몸은 완전한 존재, 모든 원소를 나타낸다. 이 얼마나 경이로운 변화인가! 이 얼마나 기적적인 변화인가! 흙을 보라. 그리고 그대의 몸을 보라. 이것은 놀라운 변화다. 그대는 이 놀라운 변화에 대해 경의를 표한 적이 있는가? 흙이 성스럽게 변했다. 이보다 더 신비로운 일이 어디 있는가? 그대는 얼마나 더 큰 기적을 바라는가? 그대는 날마다 기적이 일어나는 것을 본다. 진흙에서 연꽃이 피어나고…… 그리고 흙에서 우리의 아름다운 몸이 생겨났다."

신은 숨 안의 숨에 있다

신은 숨 안의 숨에 있다고 신비가 카비르[10]는 말했다. 카비르는 누구나 내면에서 깨달음을 얻을 수 있음을 보여주었다. 오쇼는 한때 카비르의 노래에 나오는 수트라에 대해 설명했다. "신이란 무엇인가?" 카비르가 묻자 그의 제자가 대답한다. "신은 숨 안의 숨입니다."

신은 그대의 주관이며, 그대의 내면이다. 붓다는 숨을 관찰하는 것이 명상의 중요한 방법이라고 했다. 숨을 관찰하여 숨 안에 있는 숨을 발견하게 되기 때문이다. 숨은 생명을 의미한다. 산스크리트어로 숨은 프란pran, 곧 생명이다. 히브리어로 숨은 영혼을 의미한다. 모든 언어에서 숨은 생명, 영혼과 동격이다. 그러나 사실 숨은 영혼이 아니다.

다음과 같은 실험을 해보라. 조용히 앉아 콧구멍 밖으로 나오는 숨을 가만히 살펴보라. 이번에는 반대로 콧구멍 속으로 들어오는 숨의 감촉을 느껴라. 그렇게 숨을 관찰하라. 숨의 감촉 때문에 관찰하기 더 쉬울 것이다. 숨은 매우 섬세하다. 숨이 안으로 들어오면 그 숨이 안으로 들어오는 걸 느껴라. 숨을 관찰하라. 숨의 움직임을 따라가라. 함께 가라. 숨이 멈추는 순간이 오는 걸 알게 될 것이다. 배꼽 근처에서 아주 잠깐 숨이 멈춘다. 이어서 숨은 밖으로 나오기 시작한다. 그 숨을 따라가며 다시 감촉을 느껴라. 숨이 콧구멍 밖으로 나오고 있다. 숨을 따라 밖으로 나오라. 곧 숨이 다시 멈추는 순간에 이른다. 이 주기는 다시 시작된다.

숨이 들어온다, 멈춘다, 숨이 나온다, 멈춘다, 숨이 들어온다, 멈춘다. 멈춤은 그대 안에서 나타나는 가장 신비로운 현상이다. 숨이 들어오고 멈출 때, 아무 움직임이 없을 때, 이 순간 그대는 신과 만날 수 있다. 숨이 나오고 멈추는 순간에도 마찬가지다. 명심하라. 숨을 멈추는 것은 그대가 아니다. 숨은 스스로 멈춘다. 그대가 숨을 멈추는 행위자가 되면 그때

---

10 카비르Kabir: 수피즘(회교 신비주의)과 박띠운동(신에의 절대적 헌신)이 낳은 위대한 영감의 원천이며, 인도 민중 문학의 아버지이다. 카비르는 1440년경 인도의 베나레스 지방에서 태어나 평생을 그곳에서 베를 짜며 살았다. 일체의 종교 행위, 경전, 교리, 고행 등의 위선적인 형식을 배격한 카비르는 그는 단 한 줄의 시(詩)도 손수 쓰지 않았다고 한다. 그러나 그가 남긴 영혼의 말들은 그를 따르던 제자들에 의해서 아름다운 시로 우리에게 전해지고 있다.

부터 숨을 관찰하기가 어려워진다. 몸이 자연스럽게 숨쉬도록 하라. 일부러 숨을 들이쉬려고도, 내쉬려고도 하지 말라. 이런 호흡은 요가의 '프라나야마[10]'(이 요가를 수행할 때 호흡을 조절하게 된다)와 다르다. 호흡하는 과정에 끼어들지 말라. 자연스럽게 숨이 들어오고 나오도록 한다. 자연스러운 흐름을 방해하지 않는다. 숨이 나올 때 그대도 따라 나오라. 숨이 들어올 때 그대도 따라 들어오라.

곧 숨이 두 번 멈춘다는 걸 인식하게 될 것이다. 이 두 번의 멈춤 안에 문이 있다. 이 두 번의 멈춤 안에서 숨 그 자체가 생명이 아님을 알게 되리라. 어쩌면 자양분일지도 모르지만 생명 자체는 아니다. 호흡이 멈출 때 그대가 거기에 있기 때문에 그대는 완전히 의식적이다. 숨이 멈추면 호흡은 없고 그대가 있다. 계속해서 숨을 관찰하라. 이는 붓다가 위파사나[11] 혹은 아나파나사티[12]라고 부르는 것이다. 계속해서 관찰하면 멈춤이 길어지고 커지는 것을 보게 되리라. 마침내 멈춤은 몇

---

[10] 프라나야마Pranayama : 요가호흡법. 프라나야마는 '프라나(Prana)'와 '아야마(ayama)' 또는 '야마(yama)'라는 단어의 조합으로 되어 있는데 프라나는 에너지, 기(氣), 생명력의 원천을 뜻하며, 아야마는 확장, 팽창, 늘어난다는 뜻과 야마(yama)는 억제, 조절한다는 의미가 복합된 뜻이다.

[11] 위파사나Vipassana : 매순간 마음의 대상이 되는 물·심의 현상(법)을 무상(변함)과 무아(실체없음)로 철견하고 통찰을 계속하는 것.

[12] 아나파나사티Anapana-sati : 팔리어로 직역하면 Ana(들이쉬는 숨, 들숨) + pana(내쉬는 숨, 날숨) + sati(마음챙김)을 뜻한다. 위파사나와 다른점은 들숨과 날숨의 사이에 존재하는 호흡이 잠깐 멈추어진 상태를 관찰하는 수행.

분간 지속된다. 하나의 숨이 들어온다. 숨이 멈춘다……. 몇 분간 숨은 밖으로 나오지 않는다. 모든 것이 멈춘다. 세상이 멈춘다. 시간이 멈춘다. 생각이 멈춘다. 숨이 멈출 때 생각하는 것은 불가능하다. 숨이 몇 분간 멈출 때 생각하는 것은 완전히 불가능하다. 생각을 하려면 산소가 계속 공급되어야 한다. 생각하는 과정과 호흡은 매우 긴밀하게 연결되어 있기 때문이다.

호흡은 마음 상태에 따라 계속 바뀐다. 반대의 경우도 역시 그렇다. 호흡이 변하면 마음 상태도 달라진다. 숨이 멈출 때 마음이 멈춘다. 마음이 멈추면 온 세상이 멈춘다. 마음이 곧 세상이기 때문이다. 이때 처음으로 숨 안의 숨, 생명 안의 생명이 무엇인지를 알게 된다. 이 자유로운 경험을 통해 신을 인식하게 되리라. 신은 존재가 아니라 생명 그 자체의 경험이다.

CHAPTER 02

의식

명상에서 덕의 꽃이 자라 피어난다. 이 꽃의 향기는 바람을 타고 퍼지며 존재의 무한대 속으로 사라진다. 붓다는 그대에게 오직 하나의 율법을 전한다.

그것은 의식이다. 그대는 그것을 명상이라고, 자각이라고도 부를 수 있다. 붓다는 삼마사티Sammasati, 곧 정념正念이라고 부른다. —오쇼

깨어 있는 의식이 삶의 기준이다

 명상은 삶의 한 방식이다. 삶과 명상은 따로 구분할 수 없다. 우리가 삶을 살아가는 데는 두 가지 방식이 있다. 로봇처럼 기계적으로 삶을 살 수도 있고, 자신의 모든 행동을 자각하고 인식하고 민감하게 느끼며 살 수도 있다.

 신비가 카비르는 말한다 "수행자여, 깨어 있는 동안 잠들지 말라."

 우리는 살고 있지 않다. 다만 잠을 자고 있을 뿐! 우리의 삶은 잠을 자는 것 이외에 아무것도 없다. 우리는 잠자며 걷고 잠자며 말하고 잠자며 행동한다. 자고 있지 않을 때도 잠과 어둠에 덮여 있다. 자기 자신을 깊이 들여다본다면 잠 너머에 있는 이성을 발견하게 될 것이다. 우리는 지금껏 의식의 불을 밝히지 않았다.

오쇼는 말한다. "그대 안에 있는 의식의 불을 밝히지 않으면 그대 주위에 지옥을 창조하게 될 것이다. 어디를 가든 의식의 불을 밝혀라. 좋아하든, 좋아하지 않든 그것은 문제가 아니다. 어디를 가든, 무엇을 하든 늘 내면의 불빛, 의식과 함께하라. 무엇이 도덕이고 윤리인지, 무엇이 옳고 그른지 염려하지 말라. 그대 안의 빛을 그림자처럼 따르면 충분하다.

명상은 내면의 불빛을 돌본다. 우리의 의식을 깨운다. 우리는 여전히 같은 존재지만 더욱 의식적이게 된다. 자신에게 온 신경을 집중한다. 여전히 같은 음식을 먹고 같은 길을 걷고 같은 집에서 같은 가족과 함께 있지만, 내면은 완전히 달라진다. 의식을 깨우는 명상을 통해 지금껏 걷던 길이 더 이상 같은 길이 아님을 문득 깨닫게 되리라. 점점 발전하고 있기 때문이다. 평소에 먹는 음식이 더는 같은 음식이 아니고 가족이 더는 같은 가족이 아님을 인식하게 되리라. 발전했기 때문이다.

내면이 변하면 모든 것이 변한다!

오쇼는 고타마 붓다의 삶에 관한 아름다운 이야기에 대해 자주 말했다. 이 이야기가 역사적으로 사실인지는 밝혀지지 않았지만 많은 의미를 담고 있는 것은 분명하다. 이 이야기가 전하는 메시지는 삶의 진실을 깨닫게 해준다. 때로는 설교보다 이야기가 더 많은 의미를 담기도 한다.

고타마 붓다는 제자인 아난다[1]와 함께 아침 산책에 나섰다. 둘은 영적인 대화에 몰두했다. 그때 파리가 날아와 붓다의 얼굴에 앉았다. 붓다는 파리를 날려 보내려고 무의식적으로 손을 들었다. 갑자기 붓다가 멈추더니 같은 동작을 반복했다. 아난다는 궁금해서 물었다. "세존이시여, 파리는 이미 세존의 이마에서 떠나지 않았습니까? 왜 같은 동작을 되풀이하시나요?"

붓다가 대답했다. "처음에 나는 무의식적으로 손을 들어 파리를 쫓아 보냈다. 다만 본능에 이끌려 그렇게 행동했다. 내 행위 속에 의식은 없었다. 내가 같은 동작을 되풀이한 것은 의식적으로 행동하도록 스스로를 일깨우기 위함이다."

붓다는 이 사소한 행동을 통해 큰 가르침을 전한다. 사소한 행동일지라도 의식적이라면 그 행동은 위대해진다. 얼마나 위대한 행동을 하고 있는가는 중요하지 않다. 의식 없이 행동한다면 아무 의미가 없기 때문이다. 의식이 삶의 기준이다. 명상의 진실한 의미가 바로 여기에 담겨 있다.

---

[1] 아난다Ananda: 석가모니 10대 제자 중 한사람으로 오랫동안 부처님 옆에서 말씀을 가장 많이 들었으므로 다문제일(多聞第一)이라 불린다. 경(經) 편찬에 참여하여 후대에 전해지도록 한 인물.

무엇을 하든 몰입하라

전 세계에서 크리슈나2의 생일을 축하하는 사람들은 인도, 특히 힌두 사람들이다. 크리슈나는 지구상에서 가장 완전한 절대 화신으로서 숭배 받는다. 여기에는 그럴 만한 이유가 있다. 이는 맹목적인 숭배나 헌신과는 거리가 멀다. 크리슈나는 다채로운 특성을 갖춘 신의 화신이기 때문에 숭배를 받을 만하다. 크리슈나는 삶이 지닌 모든 음영과 색조를 자연스럽고 편안하게 받아들였고, 삶을 온전히 받아들였다. 그 삶이 사랑

---

2 크리슈나Krishna: 비슈누의 8번째 화신으로, 화신 중에서 으뜸가며, 신성한 사랑과 기쁨의 구현이다. 실제로 역사적으로 실존했던 것으로 추정되는 인물이기도 하다.
3 바가바드 기타Gita: 힌두교에서 3대 경전의 하나로 여기는 중요 경전. 약칭하여 《기타》라고도 한다. '지고자(至高者: 神)의 노래'라는 뜻. 고대 인도의 대서사시(大敍事詩) 《마하바라타》 가운데 제6권 〈비스마파르바〉의 제23~40장에 있는 철학적·종교적인 700구(句)의 시를 말한다.

혹은 낭만과 함께하든 전쟁과 함께하든 말이다. 크리슈나는 삶에 정면으로 마주했다. 시련과 고난에서부터 사랑의 달콤함과 낭만적인 감정에 이르기까지 양극단에 있는 삶을 모두 찬양했다. 크리슈나는 다채로운 삶을 살았고 '삶의 즙'을 있는 대로 짜서 마셨다. 크리슈나는 삶을 사랑했고 삶의 진정한 승리자였다. 그리하여 그는 사람들에게 매우 의미 있는 메시지를 전했을 뿐 아니라 그 자신이 메시지가 되었다. 메시지는 오로지 진정한 삶에서 우러나올 때, 존재 자체가 메시지인 자의 삶에서 우러나올 때, 가장 큰 통찰을 담는다. 크리슈나는 자신이 전하는 메시지를 완벽히 구현했다. 그는 오늘을 사는 우리 모두를 위한 메시지다.

오쇼는 크리슈나와 『바가바드 기타3』에 관한 여러 강연에서 결과에 집착하지 않고 지금 이 순간을 온전히 느끼며 사는 삶을 강조하였고, 크리슈나야말로 현재와 미래에 중요한 의미를 지닌다고 말한다. 근심은 우리의 에너지를 쪼개고 결국 우리는 흩어진다. 삶은 몰입과 진정성을 요구한다.

오쇼는 우리에게 일깨운다. "『바가바드 기타』에서 크리슈나는 말한다. '결과에 대해 전혀 생각하지 말라.' 이는 지극히 아름답고 중요하며 진실한 메시지다. 결과에 대해 전혀 생각하지 말라. 온 마음을 다해 지금 하고 있는 일을 하라. 그것에만 몰입하라. 행동하는 동안 행위자가 되는 것을 잊으라. 스스로 행위자가 되지 말라. 그대의 창의적인 에너지가 아무런 억압 없이 자연스럽게 분출할 수 있도록 하라."

크리슈나와 같은 신성한 프리즘 안에서 모든 것은 수용되고 변화된다. 그러나 전체적으로 모두는 같은 빛이다. 삶에서 무슨 일이 일어나는가는 이 빛에 어떻게 반응하느냐에 달렸다.

수백만 명의 사람들, 99퍼센트의 사람들이 삶을 얼마나 낭비하는지를 계속 일깨워주기 위해 나는 그대를 비판한다. 이는 매우 가난한 삶이고 비참한 지옥이다. 크리슈나가 그대 안에서 춤추어 그대의 삶이 축복이 되어야 한다. 그리고 이것은 축복을 돌려주기만 해선 안된다. 신이 그대에게 선물을 줄 때 똑같은 선물을 다시 주는 것이 어쩐지 좋아 보이지 않기 때문이다. 그 선물은 변형되어야 한다. 그것이 한 가지 빛으로 온다면 일곱 가지 빛으로 돌아가야 한다. 그것이 하나의 음으로 온다면 오케스트라가 되어 돌아갈 것이다.

모든 차원에서 진정으로 즐기는 삶을 사는 것이 크리슈나의 삶이 전하는 핵심적인 메시지다. 그것은 라스[4], 영원한 라스 그리고 크리슈나의 릴라[5]다.

---

[4] 라스Raas: 성스러운 축복 또는 성스러운 춤.
[5] 릴라Leela: 유희.

오쇼는 말한다. "릴라다르는 크리슈나의 많은 이름 중 하나다. 크리슈나는 가장 쾌활한 신, 가장 심각하지 않은 신이며 어떤 신도 크리슈나에게 비할 수 없다. 크리슈나는 온전히 삶 속으로, 모든 차원의 삶 속으로 들어갔다. 사랑에서부터 전쟁에 이르기까지 모든 것을 즐겼다. 어떤 것도 거부하지 않는다. 크리슈나는 좋을 수도, 나쁠 수도 있다. 참될 수도 있고, 거짓될 수도 있다. 자신을 희생할 수도 있고, 그대를 속일 수도 있다. 어떤 이상이나 이데올로기 없이도 스스로 원하는 마음에서 그렇게 한다……. 미리 계획하지 않고 매 순간 그저 원하는 대로 살아간다. 크리슈나는 무엇이 어떻게 되어야 한다는 생각을 하지 않는다. 크리슈나의 모든 행동은 그의 완전함에서 나오며, 완전함에서 나오는 것은 무엇이든 좋다. 미덕에 대한 그 이상의 정의를 크리슈나는 알지 못한다."

오라, 오라, 그대가 누구든 간에

 위기가 닥칠 때 인간의 의식은 위기에 대응할 수 있을 만큼 한층 높아진다고 한다.
 그러나 대립과 갈등이 판치는 오늘날에는 우울한 무신론적 실존주의자들이 인간의 본성에 대해 개념을 잘못 정립할 수 있다. 그들은 스스로 실존주의자라고 부르지만, 몸과 정신과 영혼의 조화로움과 완전함에 대해서는 생각하지 않는다. 그들은 인간이 오로지 정신이라고 믿는다. 그러나 인간에게는 정신뿐만 아니라 훨씬 더 많은 것이 있다! 한 인간의 존재에는 다양한 차원의 것들이 있다. 물리적 차원인 육체, 더 깊은 차원인 감정과 느낌 이외에 세 번째 차원인 생각이 있다. 사실 이 세 번째 차원은 가장 불필요한 영역이며 오히려 사치스러운 것이다. 그리고 마지막 차원은 초월적인 것으로 존재, 곧 영혼의 영역이다. 그러므로 사치스러운 영역에 대해서만 논하는 실존주의 철학자들이 충동적으로 행동하는 잔인한 광신자들에게 어떻게 효과적으로 대응할 수 있을지 의문이다. 그들은 이런 우스꽝스러운 모험을 시작하기 전에 다시 한 번 생각해야 한다.

그리고 이 실존주의 치료사들은 계획한다. "거기서 그들은 커피를 마시며 삶의 부조리함과 우주에 고립된 인간의 외로움에 대해 시끌벅적하게 떠들 것이다. 그들은 베르사체 줄무늬 티셔츠를 입고 모터 달린 자전거를 탄 눈부시게 아름다운 많은 청년들과 함께 회의적인 얼굴로 두려움, 불확실, 의심을 전파할 것이다."

이 치료법은 새롭거나 독창적인 데가 전혀 없다. 모든 종교에서 왜곡된 가치관을 지닌 성직자들이 사람들을 상대로 이미 시도했던 방법이다. 그러나 두려움과 탐욕을 사람들에게 주입하는 일은 그다지 성과가 없었다. 오히려 이 세상에 더 큰 폭력만 몰고 왔다. 두려움을 일으키는 정책이 인간을 오히려 악하게 만든다는 사실은 역사가 증명한다. 인간은 존재에 속한다. 존재가 그의 집이다. 인간들의 마음에 두려움을 퍼뜨리고 고립감을 낳는다면 이들의 인생관은 어두워질 것이 분명하고 이는 증오와 폭력의 원인이 된다.

그들에게 사랑의 가치와 생명의 소중함을 가르쳐라. 지구상의 모든 생명은 신성하기 때문이다. 우리 모두 안에 있는 존재에 대해 가르쳐라. 다른 사람을 죽이는 것은 자기 자신을 죽이는 것과 같다. 생명은 신의 또 다른 이름이기 때문이다. 생명이 곧 신이다.

전 인류는 전쟁으로 인한 피로를 호소하고 있다. 삶을 사랑하고 노래하고 춤추며 지친 원기를 회복할 필요가 있다. 오마르 하이얌[6]의 루바이야트[7]를 읊고 메블라나 잘랄루딘 루미[8]와 수피 스승들이 추는 다르위시[9] 춤이 전쟁으로 분열된 세상의 사람들에게 환희를 느끼게 하라. 오쇼는 우리에게 메블라나의 메시지를 전한다.

> 오라, 오라, 그대가 누구든 간에
> 방랑자든, 숭배자든 지식의 예찬자든…… 상관없다.
> 우리는 절망의 행렬이 아니다.
> 오라, 그대가 천 번 그대의 맹세를 어겼다 해도.
> 오라, 오라, 다시 오라.

오라, 오라, 그대가 누구든 간에……. 죄인이든, 무의식적인 삶을 살든, 영예롭지 않고 신성하지 않고 의미 없는 삶을 살든, 시와 즐거움이 없는 삶, 지옥의 삶을 살든……. 그대가 누구든 간에 메블라나는 외친다. "오라, 나는 그대를 받아들일 준비가 되어 있다. 나의 손님이 되어라!"

---

6 오마르 하이얌 Omar Khayyam(1048~1131): 페르시아의 수학자 · 천문학자 · 시인. 저서에 시집 《루바이야트》 등이 있다.
7 루바이야트 Rubaiyat: 페르시아의 수학자 · 천문학자이자 시인인 우마르 하이얌의 4행 시집. 모두 1,000편에 달하는 4행시를 썼으며, 영국의 시인 피츠제럴드가 영어로 번역함으로써 유명해졌다.
8 메블라나 잘랄루딘 루미 Mevlana Jelaluddin Rumi(1207~1273): 이란의 시인으로 페르시아 문학의 신비파를 대표한다. 대서사시인 《정신적인 마트나비》는 수피즘의 교의 · 역사 · 전통을 노래한 것으로 '신비주의의 바이블'로 불린다.
9 다르위시 Darwish: '왕자의 마음을 지닌 청빈한 자'로 이슬람교가 도시 하층 서민과 농민들 속에 급속히 퍼지면서 여러 교단이 조직 됨. 한자리에서 회전하며 빙빙 도는 회전 명상을 통해 신비한 체험을 하는 것.

꿈과 내적인 자아

 깨달음을 얻은 신비가인 장자는 중국에서 가장 위대한 도가 사상가였다. 장자는 또한 우화의 대가이기도 했다. 하루는 장자가 나비가 되는 꿈을 꾸었다. 꿈속에서는 자신이 사람인줄도 몰랐다. 자신은 오로지 나비였다. 그러다 문득 잠에서 깨었고, 깨고 보니 사람으로 누워 있었다. 그때 장자는 생각에 잠겼다. '내가 나비가 된 꿈을 꾼 사람인가, 아니면 사람이 된 꿈을 꾼 나비인가?'

 장자는 제자들을 모두 불러 이 질문을 던졌다. 제자들은 어리둥절해하며 아무 대답도 하지 못했다. 장자는 제자들에게 곰곰이 생각해보고 답을 찾거든 다시 오라고 말했다. 그러나 끝내 아무도 답을 찾지 못했고, 오늘날까지 이 질문의 답을 찾은 이는 아무도 없다.

꿈은 신비로우며 가끔은 의미를 해석하기 어려울 정도로 난해하다. 동서양의 전문가들은 꿈을 분석하고 하나의 학문으로 완성하기 위해 노력해왔다.

융 학파의 정신분석가인 존A. 샌퍼드는 『꿈과 치유』라는 책에서 이렇게 썼다. "무의식은 에너지의 큰 원천이다. 꿈에 대한 명상이 우리가 무의식에 접근하도록 도와준다. 꿈을 기억하는 것은 논밭에 물을 대고 정원에 물을 주고 땅에 씨앗을 심는 것과 같다."

꿈에 대한 대부분의 연구는 서양에서 이루어졌다. 서양의 꿈 연구가들은 분석적이고 체계적으로 꿈에 대한 이론을 세웠다. 꿈은 현재 처한 문제와 앓고 있는 병을 연구하기 위해서도 분석된다. 물론 이러한 노력을 쓸데없는 일이라고 생각하지 않는다. 그도 그럴 것이 지금껏 놀라운 발견을 많이 했기 때문이다. 그러나 인간이 처한 상황을 이해하는 데 꿈이 절대적인 것은 아니다.

인도의 요가도 세 가지 상태인 자그라트(깨어 있는 상태), 수습티(잠자는 상태), 스와프나(꿈꾸는 상태)와 더불어 이 세 가지 상태 너머에 있는 투리야[10]라는 네 번째 상태에 대해 말한다. 요가에서는 깨어 있든, 잠을 자든, 꿈을 꾸든 간에 이 세 가지 상태에 큰 의미를 부여해서는 안 된다. 오히려 네 번째 상태인 투리야를 기억해야 한다. 투리야는 세 가지 상태를 초월하는 것으로, 이 세 가지 상태를 목격하는 것이다. 투리야가 진짜 건강함이다. "그대의 꿈을, 잠을, 깨어 있음을 분석하지 말라. 이 모든 상태를 관통하는 하나를 보라. 이 모든 상태를 관통하는 것이 분명히 있다. 그 상태에 편안히 머물러라."

산스크리트어와 힌디어에는 '스와스티야' 라는 아름다운 말이 있는데, 이는 건강을 가리킨다. '스와' 는 자아를, '티야' 는 안정을 의미한다. 자기 자신의 존재에 편안히 머무는 것이 진짜 건강이다. 그대가 내적 자아와 안정된 조화를 이루는 것이 스와스티야다. 거기에 분석할 것은 아무것도 없다. 분석할 이유가 없다. 그러므로 위에 언급한 세 가지 상태를 초월해 내적 자아를 실현해야 한다. 진짜 건강은 초월적인 상태에서 실현된다.

서양의 심리학은 묻는다. "꿈속에 어떤 잠재된 가능성이 숨어 있을까? 내적 자아는 깨어 있는 삶을 살아가는 데 어떤 암시를 주는가?" 그리고 이렇게 답한다. "꿈은 세상을 살아가는 많은 방식, 어쩌면 좀 더 확고하고 자비롭고 창의적이고 분별 있는 방식을 제공한다. 꿈을 통해서든, 명상이나 영적 수행을

---

10 투리야Turiya: 꿈, 잠, 깨어 있음, 이 세 가지 상태를 초월하여 있는 깨어 있는 잠의 상태.

통해서든, 깨어 있는 삶에 더 큰 에너지와 창의력을 부여하는 역량을 키우는 것이야말로 내적 존재에게 관심을 갖는 일이다."

이러한 접근은 매우 혼란스럽다. 꿈과 명상의 구분마저 명확하지 않다. 명상은 꿈과 아무 관련이 없다. 명상은 현실에서 깨어 있는 상태를 초월하는 것이다. 선禪은 명상을 완전한 비어 있음으로 본다.

어느 선 스승에 대한 일화가 있다. 어느 날 아침, 잠에서 깬 그는 여전히 이부자리에 앉아 제자 한 명을 불러 이렇게 말했다. "지난밤 꿈을 꾸었는데 이 꿈을 해석할 수 있겠느냐?" 제자는 밖으로 나가 물 주전자를 들고 들어와 스승에게 말했다. "어서 얼굴을 씻으십시오." 하고 밖으로 나갔다.

스승은 또 다른 제자를 불러 똑같이 물었다. 그랬더니 제자는 밖으로 나가 차 한 잔을 들고 돌아왔다. 이어서 스승은 가장 아끼는 제자를 불러 자기가 꾼 꿈에 대해 또다시 묻자, 제자가 말했다. "네, 제가 스승님께 답을 드리지요." 이렇게 말하고 밖으로 나가 물 한 양동이를 들고 돌아와 스승의 몸에 물을 부었다. "스승님, 어서 일어나십시오. 이제 그만하면 됐습니다."

이것이 동양인들이 꿈에 접근하는 태도다. 제자 중 한 명이 그 꿈을 해석했다면 스승은 그를 당장 내쫓았을 것이다. 그리고 제자의 자격을 박탈했을 것이다.

동양적인 접근은 완전히 다르다. 우리는 꿈의 의미를 크게 신경 쓰지 않는다. 꿈이 어서 사라지도록 의식을 깨우는 것에 모든 노력을 기울인다.

오쇼는 이것이 꿈에 대한 올바른 해석이라고 말한다. "그대는 꿈을 꾸었나? 당장 얼굴을 씻고 깨어나라! 아직도 꿈에서 헤어나지 못했는가? 차 한 잔을 마시고 어서 깨어나라! 그것은 꿈일 뿐이다! 거기에 해석할 것이 뭐가 있겠는가?"

오로지 한 가지만 기억하라. 그대는 무의식적이었기 때문에 꿈을 꾸었다. 그런데 그 꿈을 해석하려 하고 여전히 꿈에 집착한다. 꿈은 그대가 빨리 잠들었기 때문에 꾼 것일 뿐이다.

붓다에게 꿈은 사라진다. 나타나지 않고, 나타날 수 없다. 붓다는 늘 의식적이기 때문에 잠을 자는 동안에도 무의식의 지배를 받지 않는다. 붓다의 의식은 늘 깨어 있다. 이것이 바로 크리슈나가 『기타』에서 의미하는 것이다.

"모두가 빨리 잠들 때, 요기[11]는 깨어 있다."

---

[11] 요기Yogi: 요가 수행자. 어떤 의미에서 모든 구도자도 여기에 해당 됨.

인도는 어머니요, 인도인은 형제다

사실 인도를 철학만 가지고 설명하기란 역부족이다. 인도는 철학을 따르지 않기 때문이다. 인도는 철학을 믿지 않았다. 인도의 심장은 신비주의와 함께 고동친다. 인도가 지난 수천 년간 최고의 신비가들과 평범한 철학자들을 낳았던 이유는 바로 여기에 있다. 인도에는 삶의 신비에 깊이 빠져 그 무한한 바다 속에서 다이아몬드를 발견한 신비가들이 지금껏 나타나고 있다. 그들은 하늘 높은 곳에서 반짝이는 별과 같이 돋보인다. 인도는 그들을 철학자가 아니라 깨달음을 얻은 사람이라고 부른다.

아슈타바크라[12], 붓다, 마하비라[13], 파탄잘리[14], 샹카라[15], 나나크[16], 보리달마[17], 이들은 모두 신비가들, 곧 '리쉬스'였다. 산스크리트어인 '리쉬rish'는 '깨달음을 얻은 시인'을 의미한다. 이들은 시대를 초월해 인도에 영향을 미쳤고, 인도만의 생활방식과 집단의식을 만들었다. 모든 인도인들이 자신 안에서, 그리고 자신과 함께 그 집단의식을 느낀다. 이를 논리적으로 이해하기는 어려울 것이다. 이는 수학적으로 설명되지 않으므로 머리로 이해할 수 있는 차원의 것이 아니다. 어떤 논리적인 공식으로도 이해하는 것은 불가능하다. 신비

---

12 아슈타바크라Ashtavakra: '절대진아'를 깨달은 고대 인도 현자. 아슈타는 '8가지'라는 의미고, 바크라는 '굽다, 병신'이라는 의미로서 아슈타바크라는 팔불출 또는 여덟가지(팔) 병신이라는 말이라고 한다. 왜냐하면 그의 온몸이 정상적인데가 없이 팔, 다리, 목, 등, 눈, 입 등이 모두 비정상으로 굽어졌거나 삐뚤어 있어서 몸이 생긴대로 그런 이름이 붙은 것이다.

13 마하비라Mahavira: 자이나교의 시조. '살아 있는 것이 살아 있는 것을 해치는' 고뇌의 현실세계를 직시하고 반성해서 괴로움의 원인인 업(業:카르마)을 제거하여, 더럽혀지지 않은 본성적 자기를 회복하기 위하여 불살생(不殺生) 등의 철저한 금욕주의를 지켜야 한다고 가르쳤다.

14 파탄잘리Patanjali: 150년 무렵 활동한 인도 산스크리트 문법학자. 인도 요가학파의 대표 경전이라 할 수 있는 《요가 수트라》의 저자.

15 샹카라Shankara: 인도의 최고의 철학자이다. 그는 남부 인도에서 출생하여 베다를 학습하고 유행자(遊行者)로서 여러 지방을 편력하면서 다양한 기적을 행하였다.

그는 〈브라흐마 수트라 주해(註解)〉를 비롯한 책을 저술하였으며 불이일원론(不二一元論)을 주장하였다.

16 나나크Nanak: 힌두교와 이슬람교를 통합한 시크교의 시조. 형식주의를 비판하며 기성종교의 각종 의식·우상숭배를 배척하였고, 인간은 평등하다 하여 카스트 제도도 인정하지 않았다. 따라서 힌두교와 이슬람교가 말은 달라도 신은 같으며, 어떠한 계급·종족을 막론하고 다 같이 신에게 접근할 수 있다고 역설하였다.

17 보리달마Bodhidharma: 중국 선종(禪宗)의 시조(始祖). 달마는 부처님으로부터 28대 조사(祖師)이며, 정법을 전하기 위하여 중국에 건너왔다. 불립문자(不立文字), 교외별전(敎外別傳 ; 문자·언어·경전에 의해 전해지는 것이 아닌 사제의 마음에서 마음으로 직접 전해진다)·직지인심(直指人心), 견성성불(見性成佛 ; 바로 자기의 마음을 파악함으로써 자신이 본래 부처였음을 깨닫는 것)의 4구절에 그 교의와 역사가 집약된다.

로운 것이기 때문이다.

반면 철학은 수학에 의존한다. 이는 서양인들이 종교적으로 따랐던 매우 과학적인 태도다. 이 때문에 서양은 최고의 과학자들과 철학자들을 배출했고, 철학의 체계를 확고히 세울 수 있었다. 이러한 과정은 논리적이고 체계적으로 사고하는 습관 덕분에 가능했다. 물질적인 세계에 관한 한 서양인들이 이루어낸 성과는 놀랍다. 인도는 그 점을 부러워하지만, 그렇다고 서양과 경쟁할 수는 없는 노릇이다. 경쟁한다면 늘 서양보다 뒤처질 수밖에 없다.

존재에 어울리지 않는 부자연스러운 일을 시도하려 하면 크게 성공할 수 없다. 결국 경쟁에서 뒤처질 것이다. 급기야 변명거리를 찾거나 서양이 이루어낸 성과를 비웃게 되지만, 그들에게 자연스러운 것과 우리에게 자연스러운 것이 무엇인지를 이해하지 못한다. 우리에게는 신비주의적 접근 방식이 더 자연스러운 반면, 그들에게는 철학적인 접근 방식이 자연스럽다. 두 가지 접근 방식 모두 서로에게 독특하고 효과적이다. 낮과 밤, 남자와 여자처럼 말이다.

우리는 서로를 이해하지 못하기 때문에 서로 경쟁한다. 서로를 이해할 때 경쟁을 멈추고 서로 보완해줄 수 있다. 관계는 상호의존적이다. 우리는 신비주의가 필요한 만큼 물질주의도 필요하다. 신비주의는 음식과 안식처를 주지 못하는 반면, 물질주의는 마음의 공허를 채워주지 못한다. 내면의 공허는 계속 확장된다. 마음은 완전히 공허해지고, 서양 철학이나 과학으로도 이 공허를 메울 수 없다. 서양의 물질적인 풍요는 자살률을 줄이기는커녕 오히려 늘어나게 했다. 그 이유는 절망감 때문이다. 인도에서는 가난이 자살의 가장 큰 이유일지 모른다. 물론 예외가 있는 법이지만.

원초적인 질문으로 돌아가자. "인도는 무엇인가?" 그 대답은 무언가 불합리하고 비논리적이고 신비로운 것이리라. 완전한 가난 속에서 더없는 행복을 누리는 것보다 비논리적인 게 또 있을까? 붓다는 거지가 되어 궁극적인 행복에 이른다. 우리는 인도의 건널목 근처에서 많은 거지와 마주친다. 그들의 운명은 매우 비참해 보인다. 우리는 붓다의 발을 만지지만 거지는 전염병 환자처럼 피한다. 그래도 붓다와 거지들 모두 인도를 대표한다고 확신할 수 있다.

그렇다면 서양을 대표하는 인물은 누구인가? 알렉산더 대왕과 아인슈타인이 있다. 한 명은 세상을 정복하려 했고, 다른 한 명은 세상의 모든 존재를 위협할 만큼 위력적인 원자폭탄을 발명했다. 한편 인도인들은 마하비르, 지나와 같이 서양과는 사뭇 다른 유형의 정복자들을 숭배해왔다. 이들이 정복한 것은 그들 자신이었다. 즉 탐욕, 분노, 정욕과 같은 내면의 적을 정복했고, 온 세상에 그 사실을 가르쳤다. 그래서 알렉산더 대왕은 인도를 정복하러 왔을 때 아무것도 정복하지 못하고 빈손으로 돌아가야 했다. 인도인들은 서양의 모든 정복자들이 인도로 쳐들어와 약탈을 일삼는 동안 이를 저지하지 못했다. 그들을 막을 힘이 없었기 때문이다. 그러나 이 순종은 의미 있는 것이었다. 이 과정에서 많은 알렉산더들이 오히려 인도에 동화되어 인도를 정복하는 대신 결국 인도에 정복당하고 말았다.

궁극적으로 아무도 인도를 정복할 수 없었다. 인도는 전혀 다른 기반 위에서 움직이기 때문이다. 인도는 세상의 영적 어머니와도 같다. 어머니는 그대를 품에 안고 자양분을 제공한다. 어떻게 어머니를 정복할 수 있겠는가? 결국은 어머니의 사랑이 이길 수밖에 없다. 이러한 이유로 우리는 인도를 '어머니 인도'라고 부른다.

인도는 모두의 어머니요, 인도인은 모두의 형제다.

사랑으로 날아오르라

　생명은 고립되어 존재하지 않으며, 상호의존적인 관계 속에서 존재한다. 우리의 관계는 다양한 차원의 의식을 통해 존재한다. 친한 사람들, 사랑하는 사람들하고만 관계를 맺고 사는 것 같지만, 이 지구, 나아가 우주에 있는 모든 존재와 관계를 맺고 있다. 우리는 흙, 공기, 하늘, 해, 나무, 새, 동물 등 자연의 모든 생명체와 관계를 맺는다. 그 관계는 유기적인 조화이고, 모든 생명과 연결된 것이다. 하지만 우리에게 가장 중요한 것은 인간관계로 연인, 부부, 모자, 형제 관계 등이 있다. 이러한 관계는 자연과 맺는 관계와 구별된다. 우리가 인간관계에 더 강한 애착을 보이기 때문이다.

　우리는 흙, 해, 달, 공기, 물, 불을 포함한 자연의 모든 요소와 관계를 맺는다. 단 하루도 이것들 없이는 살 수 없다. 우리는 자연의 모든 요소에 전적으로 의지하고, 어머니와 자식처럼 깊은 관계를 맺으며 살아간다. 그러나 놀랍게도 가족이나 친구들에게 느끼는 애착을 똑같이 느끼지 않는다. 자연의 다섯 원소와 우리의 관계 또한 혈연관계다. 그것들은 우리의 감정, 생각, 마음, 정신을 지배하지만, 우리가 감정적으로 몰입하고 애착을 느끼는 것은 사람들과의 관계다. 때때로 지나치게 그 관계에 몰입하다 보면 더 이상 그들 없이는 살 수 없다는 생각에 빠진다. 그들이 없는 삶은 견딜 수 없을 것 같은 느낌이 든다.

처음에 모든 관계에서 사랑은 애착으로 나타난다. 아이는 어머니와 아버지를 소유하고 싶어 한다. 애착과 소유욕은 장난감도 느낀다. 아이는 청년으로 자라서 자신과 성이 다른 누군가와 사랑에 빠진다. 이때 느끼는 애착은 사뭇 다르다. 청년은 연인에게 애착과 소유욕을 느끼면서 이 사람 없이는 단 하루도 살 수 없다고 생각하기에 이른다. 강한 애착은 생사의 문제로까지 이어지기도 한다. 관계가 실패하면 좌절해서 스스로 목숨을 끊거나 절망감을 극복하지 못하고 다른 사람을 죽이는 경우를 때때로 보게 된다. 이러한 애착은 사랑의 미숙함을 노골적으로 보여준다. 이러한 이유로 '사랑에 빠졌다'고한다. 말 그대로 빠진 것이다. 오늘날 사랑은 지극히 낮은 수준으로 전락해 도랑에 빠졌다.

애착은 건전한 사랑이 아니며 사람에게 좋은 자양분이 되지도 않는다. 이 사랑은 정체되었으며 낮은 수준의 사랑이다. 의식을 높여야만 사랑은 도랑에 빠지지 않고 위로 오르게 될 것이다. 명상과 깨어 있는 의식이 사랑을 한층 성숙하게 한다. 높아진 감수성으로 말미암아 사랑은 날개를 달고 위로 날아오를 수 있다. 그리하여 사람은 사랑 속에서 자란다. 사랑에 빠지는 대신 사랑으로 날아오르게 되는 것이다. 사랑은 무엇이든 함께 나누고 어떤 대가도 요구하지 않는다. 사랑은 받으리라는 기대 없이 주는 즐거움을 아는 것이다. 사랑은 아무 조건이 없으며, 상대방도 똑같이 사랑으로 날아오르도록 돕는 것이다.

사랑에 빠지면 필연적으로 비참한 결과가 따라오는 반면 사랑으로 날아오르면 그 관계는 축복으로 이어진다. 후자의 사랑은 믿음을 바탕으로 하므로 두려움이나 불안이 끼어들 여지가 없다. 진정한 사랑은 불안이나 두려움을 모른다. 이 사랑은 자유로우며 소유하지 않는다. 서로를 완전히 신뢰하며 놓아주는 법을 알기 때문이다.

애착은 상대를 구속하며 세속적인 욕망을 드러내는 반면 자유는 사랑에 날개를 달아 사랑이 하늘 높이 날아오르게 한다. 진정한 사랑은 땅에 뿌리를 두어야 하지만 하늘을 날 수 있는 날개 또한 필요하다. 진정한 사랑은 땅과 하늘이 제공하는 자양분이 모두 필요하다. 사랑은 땅과 하늘 사이에 생기는 다채로운 무지개다.

오쇼는 말했다. "사랑은 양면적이다. 사랑은 풍요로운 반면 애처로우며, 고통인 반면 환희다. 사랑은 땅과 하늘, 알려진 것과 미지의 것, 보이는 것과 보이지 않는 것이 교차하는 지점에 있기 때문이다. 사랑은 물질과 의식, 낮음과 높음을 나누는 경계다. 사랑은 땅에 뿌리를 두기 때문에 아픔이고 고통이다. 사랑은 하늘 위로 가지를 뻗으므로 환희다. 사랑은 단일한 현상이 아니다. 사랑은 양극단 사이에 쳐 있는 밧줄이다."

사랑에 빠지면 욕망이 생겨나고, 욕망이 의식을 잠식하여 사랑을 죽인다.

오쇼는 말했다. "욕망은 탐욕이고, 집착이고, 소유다. 진정한 사랑은 소유할 필요가 없고 집착을 모른다. 사랑은 탐욕이 아니기 때문이다. 사랑은 선물이다. 사랑은 나눔이다. 그대의 마음이 가득 채워져 있고 그 열매가 무르익었다는 걸 알게 된다. 그대는 누군가가 와서 열매를 함께 먹었으면 하고 바란다.

그 바람에는 아무 조건이 없으며 누가 오느냐는 중요하지 않다. 다만 마음이 가득 채워져 있기 때문에 마음속을 비우고 싶은 것이다. 마치 구름이 수분을 가득 머금으면 비를 내리듯이.

때때로 비는 숲에서 내리고 언덕에서 내리고 사막에서 내리지만, 어쨌든 비가 내린다. 어디서 내리느냐는 중요하지 않다. 다만 구름이 수분으로 가득하기 때문에 비를 내려야 한다. 그대의 마음이 가득 채워져 있다면 그대는 사랑의 수분으로 가득한 구름이 된다. 그 구름은 비를 내려야 한다. 그리하여 비는 자연스럽게 내린다."

삶은 양극단에 있다

 삶은 어둠과 빛, 낮과 밤, 좋음과 나쁨, 신성함과 사악함의 양극단에 있다. 또한 전기의 음극과 양극처럼 남성과 여성이라는 양극단이 있다. 중국의 도 사상은 이를 음과 양이라고 부른다. 모든 양극은 불가분의 관계에 있으며, 양극의 대립물이 모여 하나의 유기체를 이룬다.

 우리는 신성함을 숭배하고 사악함을 경멸한다. 우리는 존재의 한 극만을 원한다. 보기 좋은 것, 매력 있는 것만을 원하는 반면, 보기 싫고 흉한 것은 원하지 않는다. 그러나 어느 한쪽만을 취하는 것이 가능할까? 한마디로 불가능하다. 그것은 존재가 기능하는 방법이 아니기 때문이다! 양극이 존재할 때만 제대로 기능한다. 양극은 서로 대립하며 긴장을 유지하지만 서로의 존재를 보완해주기도 하기 때문이다.

라마[18]에게는 라바나[19]가 있다. 크리슈나에게는 칸사[20]가 있다. 마하트마 간디에게는 고드세[21]가 있다. 겉보기에 서로 반대되는 두 대상은 작용과 반작용을 거듭한다. 그러나 둘은 본질적으로 하나의 완전체, 즉 유기적인 완전체다.

이 진리를 깨닫고 나면 삶이 우리 앞에 펼쳐놓는 온갖 극적인 사건들을 편안하게 받아들일 수 있으리라. 물론 양면을 동시에 수용하기란 쉽지 않다. 그렇더라도 단것만을 취하고 쓴 것은 모조리 버린다면 삶을 온전히 받아들이기가 매우 어렵다. 우리는 좋은 꿈을 원하고 나쁜 꿈은 원하지 않는다. 성자만을 원하고 죄인을 원하지 않는다. 그러나 그것이 가능하다고 생각하는가? 오로지 성자만 있다니! 그렇다면 세상을 지금과 같지 않을 것이다. 적어도 우리가 아는 세상은 아닐 것이다. 천국이나 다른 어떤 곳이리라. 세상에는 성자와 죄인이 함께 살아가야 한다. 죄인이 없다면 성자는 있을 수 없다. 경찰이나 재판관도 죄수가 없다면 마찬가지다. 그들은 상호의존적인 관계에 있다. 삶은 기본적으로 양극단이 서로 의존하며 지속된다. 성자의 부활은 죄인이 존재할 때 가능하다. 산냐시[22]들은 산사리[23]에 의존한다.

어느 날 오쇼는 제자 한 명에게 편지를 썼다. 오쇼는 자기 안에서 서로 대립하는 양면을 보았다고 했다. "나는 모든 것과 하나다. 아름다움 속에, 추함 속에, 그것이 무엇이든 그 속에 내가 있다. 덕뿐 아니라 죄도 나의 동반자다. 천국뿐 아니라 지옥도 나의 것이다. 붓다, 예수, 노자의 계승자가 되기는 쉽다. 허나 칭기즈 칸, 티무르[24], 히틀러라면? 그들 또한 내 안에 있다! 나는 반쪽짜리가 아니다. 나는 완전한 인간이다! 인간의 것은 무엇이든 그것은 나의 것이다. 꽃과 가시, 어둠과 빛도 그러하다. 감로가 나의 것이라면 독물은 누구의 것인가! 감로뿐 아니라 독물도 모두 나의 것이다. 누구의 경험이든 나는 종교적이라고 말한다. 그러한 경험에서 오는 고통만이 지구상의 삶을 혁신적으로 바꿀 수 있기 때문이다."

---

18 라마Rama: 인도 신화에 나오는 비슈누 신의 일곱 번째 화신이며 인도의 대서사시 《라마야나》의 주인공이기도 하다.
19 라바나Ravana: 인도의 서사시 《라마야나》에 등장하는 나찰(羅刹)의 왕.
20 칸사Kansa: 잔혹한 폭군.
21 고드세Godse: 간디를 암살한 인물.
22 산냐시Sannyasi: 힌두교의 고행자.
23 산사리Sansari: 윤회.
24 티무르Timur: 중앙아시아 티무르왕조의 창시자이며 이슬람교를 신봉하는 투르크인 정복자. 주로 인도에서 러시아를 거쳐 지중해까지 정복하는 과정에서 행한 야만적 행위와 그가 세운 왕조의 문화적 업적으로 널리 알려져 있다.

자아를 비우면 기쁨을 얻으리라

체스터턴[25]은 통찰력 있는 사상가 가운데 한 명으로, 다음과 같이 말했다. "천사가 날 수 있는 것은 스스로를 비워 가볍기 때문이다."

자신을 비워 가볍게 하는 것 혹은 모든 것을 비워 가볍게 하는 것은 매우 종교적인 특성이지만, 소위 종교인들에게서 그 특성을 발견하기란 쉽지 않다. 스스로 겸허하고 유연해야 할 종교인들은 자신이 특별하고 남들보다 경건하다고 여기는 경향이 있다. 그래서 그들 안에서는 특정한 자아가 있다. 돈, 권력, 위신을 좇는 보통 사람들에게는 눈에 보이는 평범

---

[25] 체스터턴 G. K. Chesterton: 20세기의 가장 영향력 있는 영국 작가. 다양한 저널리즘, 철학, 시집, 전기, 로마 가톨릭 작가, 판타지와 탐정소설 등을 다작했다.

한 자아가 있지만, 종교인들에게는 위선적인 자아가 있다.

평범한 자아든 위선적인 자아든, 자아로 가득 찬 사람은 지나치게 자의식이 강하고 심각하다. 그러한 사람은 삶을 '릴라', 곧 존재의 상호작용이자 신의 창조로 받아들이지 못한다. 이런 사람은 자아를 비워 가볍게 할 필요가 있다. 이런 사람은 존재 안에서 타오르는 내면의 불빛을 느낄 필요가 있다. 이 깨달음은 자아의 사라짐 혹은 증발과 함께 일어난다. 그때 우주와 조화를 이루는 것을 경험하게 된다.

오쇼는 말했다. "우주와 분리되지 않고 우주 속으로 사라지는 것, 우주 속에 녹아들고 융합되는 것이 신비가가 추구하는 궁극적인 목적이다. 분리는 불안, 죽음, 불행을 불러온다. 우리가 불행한 까닭은 자신이 신과 우주로부터 분리되어 있다고 느끼기 때문이다. 자신이 우주와 하나라고 느낄 때 비로소 진정한 행복이 찾아온다. 그대가 우주와 조화를 이룰 때 더없는 기쁨이 찾아온다. 거기에 큰 즐거움, 환희가 있다. 그때 그대는 사라진다. 어떤 의미에서 죽는 것이지만 다시 태어나는 것이기도 하다. 그대는 바다로 다시 태어나고, 이슬로 죽는다."

붓다는 말했다. "존재는 하나다. 경계는 없다. 누구도 다른 누구와 분리되지 않는다. 우리는 의식의 바다에서 산다. 우리는 하나의 의식이지만 몸의 경계, 마음의 경계가 이 진리를 깨닫지 못하게 한다."

몸과 마음 때문에, 몸과 마음의 경계 때문에 우리는 외부와 분리되어 있다고 생각하고, 우리를 남들과 다른 자신으로 구분한다. 여기서 자아가 자란다.

오쇼는 말했다. "자아를 버리라는 말은 모든 경계를 허물라는 말이다. 그대는 생명과 분리되어 있지 않으며, 그것의 일부다. 물결처럼 그대는 바다의 일부이다. 그대는 전혀 분리되어 있지 않다. 성자로서도, 죄인으로서도 분리되어 있지 않다. 그대는 전혀 분리되어 있지 않다. 그대는 생명과 하나다. 그대는 생명에 의존하지 않으며 생명과 따로 떨어져 있지도 않다. 그대와 생명은 상호보완적이다. 우리가 서로 연결되어 상호작용한다는 점을 깨달을 때 생명은 하나가 된다. 우리가 단지 생명의 구현이라는 점을 깨달을 때…… 그대는 더없는 기쁨이 된다."

육체는 영혼을 위한 사원이다

 영혼은 영원하다. 또는 영혼이 영원하다고 누군가는 말한다. 육체는 영혼의 발현이다. 영혼은 육체 없이도 존재할 수 있고 그렇게 존재한다. 그러나 육체는 영혼 없이 존재할 수 없다.

 영혼은 영원하다. 육체는 그대가 단지 육체가 아니라 오히려 영혼이라는 깨달음을 얻기 위해 중요하다. 이 깨달음은 또한 육체 안의 존재에 달렸다. 사실 육체는 영혼을 위한 사원이다.

 어느 종파의 신도들은 오랜 기간, 영혼이 몸을 떠나지 않는 한 계속 금식한다. 금식은 영혼이 발현체인 몸에서 자유로워지기 위한 의식적인 노력이다. 노력이 필요하기 때문에 성자

聖者는 숭상을 받는다. 그는 오랫동안 굶기 때문에 그의 영혼이 몸에 계속 머물지 못하고 몸을 떠나게 된다.

이 금식 수행은 다른 종교 신자들은 상상할 수 없는 일이지만, 어느 종파에서는 허용되고 있다. 물론 그 나라의 법은 어떤 유형의 자살 행위도 허용하지 않지만, 성자가 되어서 영혼이 몸을 떠나는 과정에는 일절 간섭하지 않는다. 고대의 현자들은 말년을 히말라야의 가장 추운 곳에서 금식하고 특별한 명상을 수행하며 보낸다. 이러한 과정은 영혼이 몸을 떠나 우주와 하나가 되도록 돕는다.

이는 좌절감이나 절망감에 빠져 자살하는 행위와는 전혀 다른 문제다. 자살은 자신을 숭고하고 자유로운 존재로 느끼게 하지 않는다. 그 영혼은 다시 태어나야 한다. 자기실현을 위해 영혼이 머물 몸을 다시 찾아야 하는 것이다.

영적 여행은 매우 다른 차원의 죽음과 부활이다. 그것은 자아의 죽음이다.

『신성한 긍정 Sacred Yes』에서 오쇼는 말했다. "그 죽음에서 무언가, 지극히 위대한 무언가가 탄생하리라. 그러나 죽음이 있은 후에 탄생이 있다. 부활이 일어날 거라는 확고한 믿음이 있을 때 시작은 죽음을 의미한다. 부활이 따를 거라는 믿음이 있을 때 시작은 십자가에 못 박힘을 의미한다. 그리하여 산야스[26]를 위해 선택되는 색은 오렌지색이다. 바로 불의 색이기 때문이다."

자아는 불에 타 재로 변해야 한다. 산야스는 서양의 피닉스[27]가 상징하는 바를 의미한다. 피닉스가 불에 타 죽을 때 아무것도 남지 않는다. 그때 완전히 새로운 생명이 탄생한다. 모든 죽음은 시작이며, 죽음이 위대할수록 시작 또한 위대하리라. 죽음이 완전하다면 시작 또한 완전하리라. 우리가 죽을 때 지불해야 하는 것이 있다면 바로 용기다. 산야신[28]이 되는 것은 가장 위대한 용기다. 삶에서 이보다 큰 모험은 없기 때문이다. 그 밖에 다른 것은 하찮고 세속적인 것이다.

---

26 산야스Sannyas: 온갖 욕망을 내려놓고 명상에 전념하는 일.
27 피닉스Phoenix: 이집트 신화의 불사조, 500~600년에 한 번씩 스스로 타 죽고 그 재 속에서 다시 태어난다는 영조(靈鳥).
28 산야신Sannyasin: 구도자.

의식적인 삶

 깨달음을 얻은 신비가들은 우리에게 의식적인 삶을 살라는 가르침을 전한다. 그러나 대부분의 사람은 잠에서 덜 깬 사람처럼 산다. 완전히 깨어나려면 주의력이 필요하다. 주의력이 부족하면 지루함이 온다. 실제로 우리의 의식이 완전히 깨어나는 순간은 위기가 닥칠 때다.

 오쇼는 한때 수피교의 현자 바야지드의 이야기를 전했다. 바야지드는 제자들에게 의식에 대해 자주 말했다. 제자들은 이렇게 물었다. "스승님께서는 의식에 대해 계속 말씀하시는데, 의식이란 도대체 무엇입니까?"

 어느 날 바야지드는 제자들을 강가로 데리고 갔다. 강 양쪽에는 작은 언덕이 있었다. 그가 말했다. "이 끝에서 저 끝까지 겨우 30센티미터 너비의 기다란 나무다리를 놓을 것이다. 그대들은 이 다리를 건너야 한다. 그러면 의식이 무엇인지 알게 될 것이다."

그들이 대답했다. "하지만 저희는 사는 동안 계속해서 걸었습니다. 그래도 의식이 무엇인지 알지 못했습니다."

바야지드가 말했다. "잘 보거라." 그러더니 다리를 건너는 시범을 보였다.

제자들 대부분이 겁에 질려 말했다. "저희는 걸을 수 없습니다. 너비가 겨우 30센티미터인 다리 위를 어떻게 걸으란 말씀입니까?"

"다리 위를 걷는 데 문제될 것이 무엇인가? 그대들은 땅 위를 걸을 때 너비가 30센티미터인 좁은 길도 쉽게 걷지 않았느냐? 그런데 어찌하여 두 언덕 사이에 걸려 있는 30센티미터 너비의 다리는 건널 수 없다는 것이냐?"

몇 명은 시도했다. 그러나 두 걸음을 떼기가 무섭게 꽁무니를 빼며 스승에게 하소연했다. "너무 위험합니다." 그러자 바야지드가 다리 위를 걷기 시작했고, 그 뒤를 몇 명의 제자들이 따랐다. 맞은편 언덕에 다다랐을 때, 그의 뒤를 따르던 제자들이 바야지드의 발밑에 납작 엎드려 말했다. "스승님, 이제야 의식이 무엇인지 깨달았습니다. 이 다리 위를 걷는 일은 매우 위험하여 한순간도 무의식적으로 걸을 수 없었습니다. 극도로 예민해져야 했습니다. 걸음을 잘못 내디뎠다가는 더 이상 걸을 수 없게 될 테니까요."

　오쇼는 말했다. "의식은 집중을 의미한다. 집중하는 동안 생각이 끼어들 여지는 없다. 아무 생각 없이 의식적이게 된다. 시도해보라. 어디에서든 시도할 수 있다. 길을 걷는 동안 매 순간이 위험하다. 죽음으로 이어질 수 있기 때문에 매 순간은 위태롭다. 그대는 무거운 짐을 어깨에 지고 판자로 된 다리를 건너고 있다. 조금의 실수도 용납되지 않는다. 이때 그대는 예민해진다. 그래서 어떤 에너지도 그대 안에 남지 않는다. 모든 에너지는 의식의 불꽃이 될 뿐이다."

깨달음에 이르는 길

 세상은 우리가 상상하는 것 이상으로 매우 놀라운 발전을 거듭했다. 그러나 이 발전은 오로지 외적인 세계에 그친다. 인간의 내적인 세계는 그리 발전하지 않았으며 거의 같은 상태다. 분노, 욕망, 책략, 폭력은 늘 존재하며, 표현만 바뀌었을 뿐이다. 이제 외적인 세계와 내적인 세계의 균형을 맞추기 위해 내적인 세계를 우리 스스로 변화시켜야 할 때다. 우리는 우리 안에 명상의 씨앗을 가득 뿌리고 가꿔 꽃을 피워야 한다.
 이 꽃이 활짝 필 때 우리는 전에 경험하지 못했던 개화의 시대에 이르게 되리라.
 그렇다. 붓다와 마하비라 시대에 우리는 개화의 시대를 목격했지만, 오로지 인도에 한해서였다. 이제는 전 세계에서 목격할 차례다.

  오쇼는 말했다. "명상이 널리 퍼지면 세상은 조화를 이룰 수 있다. 사람들은 자기 안에 깨어 있는 의식을 느낀다……. 많은 사람들이 평화와 침묵, 이해를 소중하게 여길 때 전쟁은 사라질 것이다. 그러므로 명상의 가치를 이해하는 것이 문제다. 이때 비로소 수백만에 이르는 사람들이 자신과의 일체감을 느끼게 되리라. 그들은 조화로운 최초의 인간들이 될 것이다. 그리고 조화로움, 아름다움, 자비, 사랑, 이 모든 특징들이 온 세상에 퍼져 나가리라."

  지식은 외적인 세계를 바꾸어놓았다. 또한 내적인 세계를 바꿀 수 있는 것은 영성靈性에 대한 지식이다.

직관이 그대의 스승이다

 삶은 배움의 과정이다. 배움을 멈추면 성장도 멈춘다. 외부의 원천에서 가르침을 받는 것을 수업이라고 한다. 배움의 원천은 바깥세계에만 있는 것이 아니라 우리 안에도 있는데, 그것이 직관이다. 이 두 가지 배움에는 뚜렷한 특징이 있다. 전자는 외부에서 오는 것이고, 후자는 그 반대다.

 수업tuition과 직관intuition 사이에는 '안in' 이라는 차이가 있다. 이것은 명상의 영역이다. '안타르드리쉬티' 라는 힌디어가 있는데, '내면의 눈' 혹은 '통찰력' 으로 번역된다. 이것은 직관의 영역에 속한다.

 이에 대한 오쇼의 설명은 통찰력 있다. "지성은 수업에 의존하므로 다른 사람들의 가르침을 받아야 한다. 직관은 그대의 내면에서 온다. 직관이 그대에게서 자라 만발할 것이다. 이 직관은 중심 없는 의식이다. 영원한 것 혹은 지금, 현재라고 부를 수 있다. 그러나 명심할 것은 과거와 미래 사이의 현재가 아니라는 점이다. 그것은 과거와 미래가 그 속에 녹아든 현재다."

오쇼는 직관에 대해 말한다. "직관은 매우 중요하다. 그러나 우리는 도처에서 수업을 받는다. 이러한 환경이 직관을 억누른다. 우리는 성인이 될 때까지 학교에서 계속 수업을 받는다. 이는 외부에서 끊임없이 무엇을 주입하고 강요한다는 의미다. 직관은 마음에서 우러나오는 것이며, 의식이 깨어 있지 않은 상태라면 직관은 본능에 머물 것이다.

그대의 의식이 깨어 있다면 본능이 의식과 더해져 직관이 된다. 그때 처음으로 그대 안에서 스승을 발견하리라. 직관은 그대의 스승이자 진정한 대학이다. 이제는 어떠한 경전이나 지침도 필요치 않다. 그대의 안을 비추는 내면의 빛이 그대를 궁극적인 깨달음의 세계로 이끌 것이다."

보통 인간은 세 가지 차원, 본능, 지성, 직관에 따라 기능한다. 본능은 육체적인 수준에 머문다. 동물도 본능이 있다. 지성은 두뇌의 작용으로, 인간이 되려면 지성을 갖춰야 한다. 직관은 더 깊은 영역에 속하며 마음의 올바른 작용을 필요로 한다. 이 세 가지 차원 너머에 우리의 존재가 있다. 이 존재가 갖는 유일한 특징은 목격하는 것뿐이다.

오쇼는 말한다. "머리는 생각만 하기 때문에 결론에 이르지 못한다. 분석적이고 논리적이지만 현실에 뿌리를 두지 않기 때문에 수천 년에 걸친 철학적 사고로도 지금껏 분명한 결과를 제시하지 못했다. 철학이 기울인 모든 노력은 공연한 일이었다. 지성 너머에 느낌이 있다. 좀 더 과학적인 말로 바꾸자면 그것은 직관이다. 그러나 직관에 도달하는 사람은 극히 드문데, 지성을 뛰어넘어야 하기 때문이다. 그러기 위해서는 명상이 유일한 방법이다. 불행히도 현재 명상은 교육에 포함되어 있지 않다. 이 때문에 우리는 지성에서 더 나아가지 못하고, 본능과 지성 사이에서 혼란이 일어나 결국 정신분열증에 걸리고 만다."

명상을 하면 지성 너머에 있는 무언가가 작용하기 시작한다. 그것을 마음 혹은 직관이라고 부를 수 있다. 그것은 논증이 아닌 멋진 경험이다. 그러나 그것이 그대의 본성을 전부

말해주는 것은 아니다. 지성의 세계 너머에 있는 존재의 다른 극에 직관의 세계가 있는 것이다.

"명상을 통해 직관의 문은 열린다. 그 문을 두드려라. 직관은 그대를 맞을 준비가 되어 있다. 직관은 자라지 않는다. 그대는 존재에게서 그것을 물려받았다."

이것이 바로 명상이다. '사고를 멈추고 마음으로 향하라.' 생각에서 감정으로, 지성에서 직관으로 뛰어넘으라. 머리에서 가슴으로 향하라.

결의가 문을 열어준다

우리는 자주 진리를 추구한다고, 혹은 신을 찾는다고 말한다. 삶이 평화로워지길, 만족스러워지길, 더없는 기쁨으로 충만해지길 바란다고도 말한다. 우리는 이러한 목적을 달성하려 노력하지만 결국 아무것도 이루지 못한다. 그 결과 전보다 더 큰 좌절감이 밀려온다. 그 까닭은 우리 노력에 열의가 없고, 무엇을 추구하려 하지만 실질적인 결의나 각오가 따르지 않기 때문이다.

한때 오쇼는 수피교의 성자 아타르에 대해 이야기했다.

어느 날 한 남자가 아타르를 찾아와 어떻게 하면 신에게 이를 수 있는지 물었다. 아타르는 남자의 눈을 들여다보는 동안 어떤 갈망을 발견했다. 아타르는 마침 강에 가는 길이어서 남자에게 자신과 동행하면 목욕을 마친 후 신에게 이르는 길을 알려주겠다고 약속했다.

그들은 강에 도착했다. 남자가 강으로 뛰어들자마자 아타르가 손으로 남자의 머리를 잡고 물속에 있는 힘껏 밀어 넣었다. 남자는 아타르의 손아귀에서 벗어나기 위해 발버둥치기 시작했다.

그는 아타르보다 훨씬 약했지만, 잠재적인 힘이 점차 깨어나기 시작했다. 곧 그 힘은 아타르가 더 이상 제어하기 힘들 정도로 강해졌다. 남자는 있는 힘껏 수면 위로 올라왔고, 마침내 물 밖으로 나올 수 있었다. 그가 충격에 빠져 있는 동안, 아타르가 큰 소리로 웃었다.

남자가 마음을 가라앉혔을 때, 성자가 물었다. "그대가 물속에 있을 때 마음에 품었던 욕망은 무엇인가?"

그가 대답했다. "욕망이라고요! 욕망은 없었습니다. 단 하나의 욕망만이 있었습니다. 그것은 숨을 쉬고 싶다는 욕망이었습니다."

성자가 대답했다. "이것이 바로 신에게 이를 수 있는 비결이다. 이것이 바로 결의다. 그대의 결의가 잠재된 힘을 모두 깨웠다."

결의가 강해질 때 위대한 힘이 생기고, 비로소 진리의 세계로 나아갈 수 있다. 결의가 있다면 그대는 꿈에서 깨어나 진리의 세계에 발을 내디딜 수 있다.

성숙한 마음은 종교적이다

생명은 하나의 의식을 이루는 바다다. 우리는 한 개인으로서 다른 사람들과 분리되어 있다고 생각한다. 마치 바다의 물결처럼 말이다. 그러나 본질적으로 우리는 모두 하나다. 우리는 물결이 아닌 바다다. 저마다 독립적인 개체라고 생각하지만 그 생각은 단지 꿈일 뿐이다. 그렇게 보이는 것일뿐, 실제로는 그렇지 않다.

어떻게 하나의 물결이 다른 물결과 분리되어 있다고 생각하는가? 물결은 자기들이 서로 분리되어 있다고 생각할지 모른다. 그러나 바다에게 물어보라. 그들이 분리되어 있는가? 바다는 분리를 모른다. 바다는 물결이 있다는 사실조차 모른다. 물결을 만드는 것이 바다 그 자체이기 때문이다. 바다는 자신을 하나의 유기체로 알 뿐이다.

 이 현상계에서, 혹은 현자들의 표현대로 마야, 곧 환영의 상태에서 물결은 자기들이 서로 동떨어져 있다고 생각한다. 그 결과 물결 사이에 대립과 갈등이 생겨난다. 그때 몇몇 현자들이 그들 앞에 나타나 이렇게 외친다. "이보게들! 그대들은 서로 분리되어 있지 않다네. 왜 그렇게 서로 싸우는가?"

 이 물결들은 자신을 힌두교도, 이슬람교도, 기독교도라고 내세우며 분주하게 경계를 세우고, 더 돋보이기 위해 자기들만의 독자성을 만들어낸다. 그들은 이 가공된 독자성을 지키고 더욱 두드러져 보이려고 온갖 애를 쓴다. 그들은 진정한 성스러움이 무엇인지도 잊은 채 자기들이 남들보다 더 우월하고 성스러운 존재라고 생각한다. 성스러운 사람은 자신이 전체와 하나임을, 의식의 바다와 하나임을 느끼는 사람이다. 우주의 의식, 브라만과 하나임을 느끼는 사람이다! 『우파니샤드』에서는 말한다. '아함 브라마스미(나는 창조신이다).'

 오쇼는 이렇게 설명했다. "전체가 되는 것이 성스러움이다. 그 이외에 다른 길은 없다. 전체가 되어라. 그대 안에 분리가 일어나면 그대는 몰락할 것이다. 그대는 전체가 되어야 한다. 그러나 그대는 충돌한다. 그대는 너무 많은 것이 되었다. 지금 그대는 하나가 아니다. 그대는 군중이다. 거기서 신경증이 생기고, 광기가 생긴다.

모세가 하느님을 만나기 위해 언덕을 올라갔을 때 숲이 격노했다. 모세는 숲 뒤편에서 이런 소리를 들었다고 한다. '멈춰라! 어서 신발을 벗으라. 여기는 신성한 땅이다.' 나는 이 이야기를 좋아한다. 그러나 모든 땅이 신성하며, 모든 숲이 신과 함께 격노한다. 그대가 아직 이것을 깨닫지 못했다면, 그대는 이미 많은 것을 놓친 것이다.

다시 보라. 모든 숲은 신과 함께 격노한다. 모든 숲에서 그 율법이 적용된다. '멈춰라. 신발을 벗으라. 그대가 걷고 있는 이 땅은 신성한 땅이다.' 모든 땅, 모든 흙, 모든 존재는 신성하다. 그대가 이것을 느끼기만 한다면 나는 그대를 성숙하다고 할 것이다. 그러나 느끼지 못했다면 아직은 아니다.

성숙한 마음이 종교적인 마음이다."

의식이 깨어나면 고통은 사라진다

 베다 시대에 현자들이 『우파니샤드』를 집필했을 때, 그들은 자신들의 지혜를 다음 세대의 사람들과 공유하려 했다. 그들은 『우파니샤드』에 자신들의 이름을 올리려고 애쓰지도 않았다. 그 지혜와 지식은 실제로 그들의 것이 아니었기 때문이다. 그들은 신성 혹은 영성의 위대함을 전하는 전달자일 뿐이었다. 그들은 자신들이 궁극의 것, 의식과 하나임을 몸소 깨달은 사람들이었다. 오쇼는 베다[29]를 인간 내면에 대한 진정한 지식이라고 정의한다.

 베다는 최고의 학문이다. 내적인 것에 관한 학문이고, 주관

---

[29] 베다Veda: 인도 힌두교 사상의 성전이며 가장 오래된 경전.

성에 관한 학문이며, 인식 객체(the known)가 아닌 인식 주체(the knower)에 관한 학문 동시에 의식 그 자체에 관한 학문이다. 그런데 독일에서 베다라는 이름의 특허권을 획득했다는 소식을 들었다. 안타깝게도 서구의 모든 것이 상업성을 띤 사업으로 변질되고 있다. 깨달음에 이르기 위한 내적 경험도 예외가 아니다. 그러나 의식 영역은 판권 혹은 상표가 등록된 상품이나 물건이 결코 아니다.

베다는 본질적으로 의식의 영역이며, 고통이 수반되는 내적 성장 과정을 다룬다. 오쇼는 이렇게 말한다. "의식은 그대를 인간으로 만든다. 바로 이 점이 의식의 미덕이다. 그대가 깨어 있는 의식으로 있을 때 고통은 사라진다. 고통은 의식을 깨우지만, 그대가 점점 더 의식적으로 행동할 때 고통은 사라진다."

산스크리트어에는 고통을 의미하는 아름다운 말이 있다. 그것은 '베다나'다. 베다나에는 두 가지 뜻이 있다. 하나는 고통이고, 다른 하나는 앎이다. 베다나vedana는 베다veda와 어원이 같다. 베다는 앎의 원천을 의미한다. 베다나라는 말을 만든 사람들은 고통이 앎이라는 사실을 알았다. 그리하여 그들은 두 가지 뜻을 나타내기 위해 베다와 같은 어원에서 말을 만들었다.

그대가 고통스럽다면 그대는 즉시 그 고통을 인식하게 된다. 그 고통은 그대의 의식 속으로 들어온다. 의학, 특히 아유르베다[30]가 건강을 무형無形으로 정의하는 이유는 바로 이 때문이다. 그대가 그대의 몸을 알지 못한다면 그대는 건강하다. 그대가 그대의 몸을 안다면 몸 어딘가가 잘못된 것이다. 무언가가 잘못되었을 때만 앎이 생기기 때문이다. 그러나 그대의 의식이 완전히 깨어날 때, 그대는 그 잘못된 것에 집착하지 않게 된다.

오히려 그대는 의식 속에서 성장한다. 일단 그대가 의식적이게 되면 그대 주위에 병, 불안, 고통이 있음을 알게 된다. 그대가 의식적이 되면 모든 다리가 허물어지면서 단절이 생긴다. 그대는 이제 볼 수 있다. 그대의 몸은 고통스러워하지만 그 고통은 그대 안으로 스며들지 못한다.

고통은 의식을 깨우고, 의식은 단절을 만든다. 이것이 삶의 중요한 비결이다.

---

[30] 아유르베다Ayurveda: 인도의 전통의학. 아유르(Ayur)는 '장수', 베다(veda)는 '지식'이라는 뜻으로 생명(건강)과학을 의미한다. 이 의학 체계는 인도에서 오천년 이상 동안 일상생활에서 쓰여 왔다.

기도는 그대의 영혼을 맑게 한다

『미르다드의 서書』에서 저자인 미하일 나이미[31]는 이렇게 말했다. "기도할 때 입술과 혀는 필요하지 않다. 대신 고요한 마음, 축복하는 마음, 어진 생각, 그리고 무엇보다 한 치의 의심도, 망설임도 없는 결연한 의지가 필요하다. 말 한마디 한마디에 마음이 열려 있지 않고 의식이 깨어 있지 않다면 말은 아무 소용이 없다. 그대의 마음이 열려 있고 의식이 깨어 있다면 혀는 차라리 잠을 자거나 굳게 닫힌 입술 뒤로 숨는 편

---

31 미하일 나이미Mikhail Naimy(1889~1988): 레바논의 문학 평론가이자 극작가, 시인, 수필가.
32 조건화Conditioning: 문화와 전통, 사회, 종교, 도덕 등이 교육이라는 매체를 통하여 구성원의 심리를 일정한 틀로 조건지우는 것.
33 카바Kabah: 이슬람교에서 가장 신성한 신전.
34 보리Bodhi: 궁극적 깨달음. 불타 정각의 지혜.

이 낫다."

 현자 미르다드가 말하기를, 기도의 진정한 신비로움은 명상으로 정화된 마음의 향기다. 깊은 명상이 없다면 기도는 다만 조건화[32]의 부산물이 된다. 그렇다면 기도는 힌두교도 혹은 이슬람교도로 조건화된 기도에 불과하다. 진정한 기도는 모든 조건화 너머에 있다. 진정한 기도에 이르기 위해 벽돌로 지어진 사원은 필요 없다. 드넓은 바다와 높은 산, 푸르게 우거진 숲처럼 자연에 대한 경외감에 저절로 고개가 숙여지는 그런 곳에서 더 자연스럽게 진정한 기도에 이를 수 있다. 기도는 인간의 마음이 경건함에 둘러싸여 있을 때 느끼는 감정이다.

 오쇼는 말한다. "기도는 어디에서든 할 수 있다. 기도하기 위해 사원을 찾을 필요는 없다. 기도하는 곳이 어디든, 그대는 사원을, 눈에 보이지 않는 사원을 창조할 수 있다. 어디에서든 기도하며 존재에 대해 고개 숙여 인사할 때 그곳은 신성해진다.

 기도하는 마음일 때 어떤 돌이든 카바[33]가 되고 어떤 물이든 갠지스 강이 된다. 기도하는 마음일 때 어떤 나무든 보리[34]나무가 된다. 형식은 중요하지 않다. 중요한 것은 의식이 깨어난 그대의 존재를 느끼는 것이다. 그렇다. 그것이 바로 기도다. 의식이 깨어남을 느낄 때, 중력이 더 이상 그대를 끌어당기지 않을 때, 모든 무게가 사라졌음을 느낄 때, 그대가 중력의 영향을 받지 않음을 느낄 때, 과거가 그대의 목 주위에 바위처럼 매달려 있지 않을 때, 미래에 연연하지 않을 때, 오로지 현재에 집중할 때, 지금 이 순간이 그대의 전부일 때, 지금 여기, 이 순간이 그대에게 무엇보다 가장 소중할 때, 무언가가 그대 마음에서 활짝 피어나며 향기가 주변으로 퍼져나간다. 그것은 때때로 말로, 침묵으로, 의미 있는 언어로 나타나거나 때때로 아이의 재잘거림처럼 나타나리라. 그것은 노래이거나 춤이 될지도 모른다. 때때로 그대는 붓다처럼 앉아만 있을지도 모른다. 완전한 침묵 속에서, 아무 미동 없이.

기도에 정해진 형식은 없다. 기도하는 데는 규칙이 없다. 기도는 인간의 마음을, 존재를, 삶을 사랑하는 행위다. 삶은 기도하기 위한 비공식적인 사원이다.

미르다드는 우리에게 다음과 같이 진리를 전한다. "기도하기 위해 사원을 찾을 필요는 없다. 그대의 마음에서 사원을 찾지 못한다면 어떤 사원에서도 그대의 마음을 찾지 못하리라."

진정한 정복

 무자비한 사람들은 육체적으로는 죽었을지라도 실제로는 죽지 않았음을, 나는 깊은 명상에 잠기는 동안 느낀다. 그들은 영원히 살아 있다. 고타마 붓다와 마하비라가 사람들의 마음과 정신 속에서 영원히 살아 있는 것처럼. 그들은 육체적으로 죽었지만 지금도 여전히 사람들에게 끊임없이 영향을 미치고 있다. 그들은 강력한 힘이다. 붓다와 마하비라와 히틀러와 같은 존재들이 발휘하는 힘은 강력하다.

 부정적인 힘은 긍정적인 힘만큼 강하다. 붓다는 깨달음을 얻은 사람이다. 깨달음을 얻은 사람들은 깨달음을 구하는 사람들에게 영향을 미친다. 그들은 자신들의 평화로운 마음과 창조성을 세상과 공유하는 구도자들의 삶에 변화를 일으키는 힘이 된다. 반면, 히틀러는 자기 자신의 변화에 관심이 없고 다른 이들을 지배하는 데 관심이 있었던 사람들에게 영향을 미쳤다. 분명한 사실은, 신의 화신들이 이 세상에 계속 나타나듯이 히틀러의 화신들 또한 이 세상에 모습을 계속 드러낸다는 점이다.

오쇼는 몽골의 통치자였던 칭기즈 칸, 투르크 정복자였던 티무르 혹은 아돌프 히틀러와 같은 살인자들이 사람들에게 미치는 영향에 대해 이야기했다.

"히틀러의 유령, 히틀러의 긴 그림자는 여전히 존재한다. 아돌프 히틀러는 한 사람으로만 한정지을 수 있는 것이 아니다. 아돌프 히틀러는 독일인들의 정신에 깊숙이 파고들어 있다. 독일인들의 정신이 그를 지지하지 않았다면 아돌프 히틀러는 존재하지 않았을 것이다."

보통 사람들만 그들에게서 쉽게 영향을 받거나 깊은 인상을 받는 것은 아니다. 상당수의 비범한 사람들도 예외가 아니었다. 그중 20세기의 대표적인 철학자 하이데거[35] 같은 천재도 있었다. 하이데거는 아돌프 히틀러의 추종자였다. 그들이 아돌프 히틀러에게서 보았던 것이 이미 그들 자신 안에 있었던 것이다. 그것은 히틀러를 통해 확대되어 보였다. 그들은 그들 자신 안에서 그것을 볼 수 없었지만, 히틀러가 거울이 되었기 때문에 그것을 볼 수 있었다. 히틀러는 독일인들의 집단 무의식을 대표했다. 그것이 바로 히틀러가 발휘했던 영향력이다. 독일은 아돌프 히틀러의 영향 아래 매우 심한 고통을 겪었기 때문에 그 상처는 여전히 아물지 않고 통증을 일으킨다.

우리는 상처받은 세상에 살고 있고, 그 상처는 인간 영혼 깊숙이 스며들었다. 상처 입은 사람들은 스스로 변화하길 거부하며, 그 대신 세상을 정복하는 데 필사적이다. 반면 자이나교의 24번째 티르탕카라[36]인 마하비라 또한 세상의 진리를 추구하는 사람들에게 자신을 정복하는 법을 가르쳤던 위대한 정복자였다. 이것이 진정한 정복이며, 그 과정에서 누구에게 해를 끼치지도 않다.

---

35 하이데거Heidegger: 20세기 실존주의의 대표자로 꼽히는 독창적인 사상가이며 기술사회 비판가이다. 당대의 대표적인 존재론자였으며 유럽 대륙 문화계의 신세대에게 커다란 영향을 끼쳤다.
36 티르탕카라Tirthankara: 구원자.

감수성이 다르마를 발견하게 한다

다르마(법法, 궁극의 진리)란 무엇인가? 수세기에 걸쳐 철학자, 사상가, 종교주의자, 과학자들이 이러한 의문을 가졌으나, 그들이 내린 결론은 서로 달랐다. 그러나 신비가들 사이에서는 의견이 완전히 일치했다. 신비가 다두[37]는 말했다.

"현자는 일체 모든 것을 같게 생각한다."

어느 날 한 구도자가 스승인 보리달마에게 물었다. "다르마란 무엇입니까?"

---

[37] 다두Dadu: 중세 인도 종교가. 그는 《바니(詩語)》라 불리는 종교 시집을 저술하여 다두파의 시조가 됨. 이 파의 중심은 고행자이고, 그것을 세바크(sevak ; 봉사자)라 불리는 신도들이 원조하는 형태를 취하고 있다.

달마는 대답했다. "그것은 일부러 만들어지지 않았으며 영원히 줄어들지 않는다. 우주의 기준, 그것이 바로 다르마다."

오쇼는 다르마를 궁극의 법칙, 곧 모든 법칙의 법칙이라고 정의한다. "다르마는 특별한 산스크리트어다. 중국어로 '도', 그리스어로 '로고스'와 일맥상통한다. 이 세 단어가 의미하는 바는 같다. 그것은 바로 궁극의 법칙이다. 그것은 과학 법칙들처럼 어떤 특정한 법칙이 아니다. 과학 법칙들은 '하나의 우주 법칙'을 나타내는 제한된 표현 혹은 구현에 불과하다. 그러한 법칙들을 모두 포괄하는 하나의 우주 법칙이 다르마다. 다르마는 존재하는 모든 것의 고유한 본질 혹은 그 존재 자체다.

존재와 하나임을, 존재하는 모든 것과 하나임을 느끼는 것은 진정으로 종교적이다. 힌두교도, 이슬람교도, 불교도 혹은 기독교도가 되는 것보다 훨씬 위대한 일이다. 그러한 종교들 또한 우주의 법칙이자 궁극의 법칙인 다르마의 제한된 표현 혹은 구현이다. 다르마는 우리의 이해와 인식의 한계 너머에 존재하는 모든 것의 총체이자 상호조화이자 상호작용이자 상호연결이다. 다르마의 의미가 머리로는 이해가 갈지 몰라도, 그 의미를 온전히 이해하려면 다르마 속에 녹아들어 다르마와 하나임을 느껴야 한다."

또한 오쇼는 말한다. "지성을 통해 그대는 어떤 특정한 법칙들을 발견할 수 있다. 그러나 우주 법칙을 발견하는 것은 오로지 감수성(sensitivity)을 통해서다. 우주의 이치를 이해하는 데 지성은 아무 소용이 없다. 과학과 종교의 차이는 바로 여기에 있다."

오쇼는 이렇게 덧붙였다. "우주를 느껴라. 가만히 앉아서 우주의 목소리를 들으라. 지적으로 사고하는 대신 감수성을 예민하게 키울 때 그대는 하나의 우주 법칙이 있음을 알게 되리라. 우주 법칙을 아는 것이 곧 만물을 아는 것이다. 그 밖에 다른 것은 필요치 않다. 이 우주 법칙을 알게 되면 그대는 그 속에 녹아든다. 그대의 삶이 우주 법칙에 따를 때, 그대가 더 이상 행위자가 아닐 때, 그대는 진정한 삶을 얻게 된다. 축복과 기쁨의 삶을."

인생은 잘레비와 같다

며칠 전 잘레비(사탕과자)를 맛있게 먹은 경험이 있는 한 서양인이 그 맛과 모양에 감탄하며 어떻게 만드는지에 대해 물었다. 내 친구는 인도식 영어로 만드는 방법을 다음과 같이 설명했다. "돌리고 돌리고 돌린 다음…… 완전히 멈추시오."

그렇다. 잘레비는 삶과 죽음의 철학을 담고 있는 독특한 과자다. 잘레비의 원은 삶의 원이다. 잘레비의 완전한 멈춤은 죽음의 시작을 의미한다. 우리는 원 안에서 끊임없이 움직이다가 죽음을 맞는다. 그러나 실제로 끝이 아니다. 우리는 다시 태어나고 같은 방식으로 다시 시작하기 때문이다. 깨달음을 얻은 붓다는 그것을 악순환이라고 불렀다. 계속 돌고 도는 수레바퀴다. 우리는 수레바퀴의 살과 같다. 때로는 올라가고

때로는 내려간다.

수레바퀴는 끊임없이 돈다. 위아래로 삶과 죽음으로. 성공의 순간이 오면, 실패의 순간이 그 뒤를 따른다. 희망의 순간이 오면 그 다음에는 절망의 순간이 온다. 이러한 순환은 영원히 계속되어왔다.

오쇼는 말한다. "그대가 한 여자를 사랑하면, 그대의 마음은 다시 사랑하기를 갈망한다. 왜인가? 왜 같은 경험을 갈망하는가? 그대는 음식을 먹은 후 또다시 음식을 갈망한다. 그것은 왜인가?"

그 까닭은 그대가 무엇을 하든 완전하게 하지 않기 때문이다. 그것이 불만족스러운 채로 남아 있기 때문이다. 그것을 완전하게 했다면 또다시 반복하려는 갈망은 없을 것이다. 그대는 새로운 것을 찾거나 미지의 것을 탐구하고 있을 것이다.

그대는 더 이상 악순환 속에서 움직이지 않을 것이다. 그대의 삶은 발전할 것이다. 보통 사람들은 원 안에서 움직인다. 그들은 움직이는 것처럼 보이지만, 그렇게 보이는 것뿐이다. 오쇼는 이렇게 덧붙인다. "이제 그대의 마음속에서 전에 한 번도 해본 적 없는 무언가를 하고 싶다는 위대한 욕구가 생겨난다. 바로 그대 자신을 찾는 일이다. 그대는 세상의 모든 것을 달성하기 위해 지금껏 달려 왔지만, 그것들은 그대를 어디로도 이끌지 못했다. 모든 길은 돌고 돈다. 그대는 어떤 목적지에도 이르지 못한다. 그 길들은 목적지가 없다."

  이 진리를 깨달을 때 그대는 문득 행동, 분노, 싸움, 사랑 행위, 탐욕, 질투 등에 신물이 날 것이다. 이것이 동양의 지혜를 이루는 근간이다. 삶, 죽음 그리고 악순환에 그대는 지치게 된다.
  이것이 윤회의 근원적 의미다. 윤회는 끝없이 돌아가는 수레바퀴와 같은 것이다. 깨달음을 얻은 사람은 이 악순환에서 벗어나 매 순간을 온전히 깨어 있는 의식으로 살게 된다.
  영적인 성장은 원 안에서 움직이는 것을 멈추고 자기 자신이 중심이 되는 것을 의미한다. 그러기 위해 히말라야로 도피할 필요는 없다. 더 이상 움직이지 않는 지점까지 우리가 원의 중심으로 움직이면 된다.

모든 상황에 초연하라

 삶은 삶의 기술이나 다름없다. 만물을 어떻게 보느냐에 따라, 상황에 어떻게 반응하느냐에 따라 삶은 달라진다. 매 순간 삶은 우리를 행복한 상황 혹은 슬픈 상황으로 이끈다. 이 상황들은 단순히 상황 그 자체일 뿐이다. 어리석은 사람은 상황을 하나의 문젯거리로 만들지만, 현명한 사람은 문젯거리를 하나의 상황으로 바꿀 수 있다. 현명함은 생각에서 비롯되는 것이 아니라 명상을 통해 매 순간 깨어 있는 의식에서 비롯된다.
 오쇼는 중국의 위대한 도가 사상가인 장자의 일화를 소개한다. 장자의 아내가 죽은 날, 장자는 오두막 앞에 앉아 악기를 연주하며 노래를 불렀다. 황제는 조문을 하러 장자의 집에 왔다. 황제는 장자를 위로하기 위한 말을 머릿속으로 되뇌었고, 도움이 될 만한 좋은 말도 생각해두었다. 그러나 장자를 본 순간 황제의 마음은 매우 불편해졌다. 장자는 노래를 부르고 있었다. 그날 아침 아내가 죽었는데도 장자는 몹시 행복해보였다.

황제는 마음이 불편해져 이렇게 말했다. "장자여, 그대가 울지 않는다 해도 이해할 만하나, 노래를 부르는 건 너무 과한 것이 아닌가? 그대가 과한 듯하다!"

장자가 물었다. "왜 내가 울어야 합니까?"

황제가 대답했다. "아내가 죽은 걸 모르는 사람처럼 말하는구려."

장자가 말했다. "물론 제 아내는 죽었습니다. 그런데 제가 왜 슬퍼해야 합니까? 언젠가 아내가 죽기로 되어 있다면, 언젠가는 죽는 법이지요. 아내가 영원히 살 거라는 기대는 하지 않았습니다. 황제께서는 기대했기 때문에 우는 것입니다. 저는 아내가 영원히 살 거라는 기대를 하지 않았습니다. 아내가 언젠가는 죽게 되리라는 걸 저는 늘 알았고, 오늘 아내는 죽었습니다. 아내의 죽음은 언제라도 일어날 일이었지요. 언제라도 죽기에 좋은 날이기도 합니다. 그런데 왜 노래를 부르면 안 되는가요? 죽음이 있을 때 노래할 수 없다면 삶 속에서도 노래할 수 없습니다. 삶은 연속적인 죽음이기 때문입니다. 이 둘은 하나입니다. 누군가가 태어난 순간, 죽음도 함께 태어나지요. 게다가 그 가엾은 여인은 저와 오래도록 함께 살았습니다. 세상을 떠나는 아내에게 감사하는 마음으로 노래를 부르면 왜 안 되는가요? 아내는 평화와 화합, 음악과 사랑 속에서 떠나야 합니다. 그런데 제가 왜 울어야 합니까?"

오쇼는 말한다. "스스로를 불행하게 만들지 말라. 불행과 타협하지 말라. 유혹을 뿌리쳐라. 그것은 강렬한 유혹이다. 그러나 단호히 뿌리쳐라. 어떤 마음 상태이든 즐거움을 잃지 말라. 외부에서 무슨 일이 벌어지든 그대의 즐거움을 앗아가지 못하게 하라. 그대는 계속 즐거움을 만끽하라."

자연스러워지라, 그리고 '리버수트라'를 따르라

 물질적으로 부족함이 없는데도 왜 많은 사람들이 스스로 불행하다고 느낄까? 왜 사람들은 끊임없이 고통스러워할까? 깨달음을 얻은 현자들은 이 어려운 질문에 간단한 해결책을 제시한다. 자연스러워지라.

 오쇼는 우리 존재 안에서 자연스럽게 흐르는 내면의 평온을 되찾기 위해 '리버수트라riversutra'를 제안한다. 오쇼는 말한다. "강을 보라. 강은 주위에 무슨 일이 일어나든 개의치 않고 흐른다. 매우 평온하고 차분하게 말이다. 강기슭에서 무슨 일이 일어나든 상관하지 않는다. 강은 주변과 관계없이 계속 흐른다. 강은 자신의 본성과 조화를 이루고 본성에서 벗어나지 않는다. 강은 자기 자신에게 충실하다. 그 어느 것도 강을 혼란하게 하거나 주의를 딴 데로 돌리지 못한다. 세상에서 무슨 일이 일어나든, 강은 늘 강인 채로 존재한다. 자기 자신과 일체가 되어 계속해서 흐른다. 전쟁이 일어난다 해도, 폭탄이 떨어져도, 좋은 일이건 나쁜 일이건 간에 무슨 일이 벌어져도, 강은 늘 자기 자신에게 충실하다. 강은 그렇게 변함없이 흐른다. 흐름은 강의 고유한 본성이다. 그대가 그대 자신에게 충실할 때, 평온은 그대의 그림자가 된다."

자기 자신과 일체가 되어 본디 그대로의 모습을 유지하는 것이 왜 그토록 어려울까? 모든 존재는 진정으로 자기 자신이 될 때 평온해질 수 있는데도 왜 그럴까? 인간은 다른 사람들을 지배하길 원하며, 알렉산더 대왕이 되기를 꿈꾼다. 그러나 자연은 그런 정신 나간 꿈을 꾸며 괴로워하지 않는다. 깨달음을 얻은 사람은 자연을 따르고, 매 순간을 자각하며 산다. 그는 세상을 정복하고 다른 이들을 지배하겠다는 야욕을 모두 버린 사람이다. 그는 자기 자신의 주인이 된다. 그는 바로 스와미[38]다. 그는 다른 누가 되기를 꿈꾸지 않는다.

행복과 조화는 본래의 자기 자신이 되어 자연스럽게 살아갈 때 그대에게 찾아온다. 나무에 핀 꽃을 보라. 나무는 자기 자

---

[38] 스와미Swami: 힌두교의 학자, 성자에 대한 존칭.

신에게 충실하다. 어떤 꽃도 다른 꽃을 흉내 내려고 하지 않는다. 흉내도, 경쟁도, 질투도 없다. 붉은 꽃은 그저 붉을 뿐이다. 붉은 채로 있기 때문에 거기서 큰 행복을 느낀다. 다른 누가 되는 상상을 한 번도 하지 않는다. 인간은 본연의 모습을 어디서 잃어버린 걸까?

오쇼는 지적한다. "인간은 욕망, 모방, 질투, 경쟁 때문에 자신의 고유한 본성을 잊는다. 지구상에서 본연의 모습대로 살길 거부하는 것은 오로지 인간뿐이다. 인간의 강은 자기 자신과 일체가 되지 못한다. 늘 다른 곳으로 흐른다. 늘 다른 누군가를 바라본다. 늘 다른 누군가가 되려고 애쓴다. 그것은 고통이고 불행이다. 그대는 다른 누가 될 수 없고, 오로지 그대 자신일 수 있다. 다른 가능성은 없다. 다른 가능성은 존재하지 않는다. 그대가 이 진리를 빨리 깨달을수록 그대의 삶은 더 나아질 것이다. 그대는 고타마 붓다가 될 수 없다. 그대는 예수 그리스도가 될 수 없다. 그럴 필요가 없다. 그대는 오로지 그대 자신일 뿐이다."

크리슈나 : 태풍의 눈

크리슈나는 낭만적인 연인이자 기민한 전사이자 자비심 많은 구원자다. 그야말로 전부가 하나인 셈이다! 그가 힌두 사람들로부터 지구상에서 가장 완전한 신의 화신으로 숭상 받는 이유가 여기에 있을지 모른다. 어느 신의 화신도 크리슈나만큼 다채로운 특징을 갖추지 못했다. 아이의 짓궂은 장난, 젊은이의 열정과 낭만, 현명한 노인의 궁극적인 성숙에 이르기까지, 삶의 모든 명암과 색조가 크리슈나 안에서 만나 폭넓은 스펙트럼을 창조한다. 바로 이 점이 예술가, 무용가, 음악가, 시인, 작가를 비롯한 창의적인 모든 사람들의 마음을 끌어당겼다. 그의 이름인 크리슈나는 매력적으로 끌어당긴다는 의미다. 크리슈나는 자석과 같은 힘을 지닌 존재다.

크리슈나는 가장 위대한 명상가의 완벽한 표본이다. 그는 1만 6,000명의 아리따운 고피[39]들에게 둘러싸여 있을 때나 전쟁터 한복판에 있을 때도 평온함을 유지하는 동시에 자기 자신의 완전한 주인이다. 크리슈나는 매우 극단적인 상황에서도 완전한 여유로움과 쾌활함을 잃지 않는다. 삶을 우주의 '릴라', 곧 존재의 궁극적인 춤으로 여긴다. 시인들은 이를 '라스'로 묘사한다.

오쇼는 말한다. "라스는 매우 아름다운 말이다. 이 말은 성스러운 축복, 성스러운 춤을 의미한다. 라스, 곧 에너지들의 상호작용 가운데 크리슈나와 그의 젖 짜는 여인들은 더 이상 개인으로 머물지 않는다. 그들은 순수한 에너지로서 움직인다. 남성의 에너지와 여성의 에너지가 화합하는 이 춤은 깊은 만족과 환희를 불러온다. 더없는 기쁨과 환희가 넘쳐난다. 크리슈나의 라스에서 피어난 이 즐거움은 우주 곳곳으로 퍼져 스며든다. 크리슈나와 그의 여인들이 더 이상 우리와 함께할 수 없지만, 그들이 춤을 추는 동안 위에서 그들을 비추었던 달과 별은 여전히 우리와 함께 있다. 라스로 한껏 도취되었던 나무와 땅과 하늘 또한 우리와 여전히 함께 있다.

오쇼는 이렇게 덧붙인다. "한때 크리슈나가 고피들과 춤추

---

[39] 고피Gopi: 크리슈나의 피리 소리에 맞춰 열광적으로 춤추던 젖 짜는 여인.

었던 땅 위에서 누군가가 춤을 춘다면, 그는 마하라스[40]의 메아리를 들을 수 있다. 과거에 크리슈나의 피리 소리가 울려 퍼지던 언덕들 근처에서 누군가가 피리를 연주한다면, 그는 크리슈나의 연주 소리가 온 언덕에 영원히 메아리치는 걸 들을 수 있다. 내가 생각하기에 라스는 태고의 에너지가 흘러나옴을 상징한다. 그 에너지가 남성과 여성으로 분리되기 때문이다. 우리가 이 정의를 받아들인다면 라스는 크리슈나의 시대만큼이나 오늘날에도 의미가 있다. 그리고 앞으로도 그럴 것이다."

---

40 마하라스Maharaas: 세속적인 즐거움과 탐욕으로부터 멀리하기 위한 춤.

CHAPTER 03

웃음, 포옹, 진정한 환희

홀로 있음을 찬양하라, 그대의 순수한 공간을 찬양하라. 위대한 노래가 그대의 마음에서 울려 퍼지리라. 그 노래는 의식의 노래, 명상의 노래일 것이다. 멀리서 홀로 있는 새가 부르는 노래일 것이다. 딱히 누구를 부르는 게 아니라 단지 부르는 것이다. 마음이 가득 채워져서 부르길 원하기 때문이다. 구름이 가득 채워져서 비를 내리길 원하기 때문이다. 꽃이 가득 채워져서 꽃잎을 열어 향기를 퍼뜨리길 원하기 때문이다……. 그대의 홀로 있음이 춤이 되게 하라.—오쇼

포옹은 그대를 자라게 하는 자양분이다!

 포옹이 주는 혜택에 관해 기술된 책들이 몇 권 있다. 최근에는 포옹이라고 하는 인간의 습성이 하나의 치료 요법으로 발전했다. 유명한 포옹 치료 전문가인 마샤는 생존을 위해 하루에 네 번의 포옹을, 건강한 생활을 위해 여덟 번의 포옹을, 성장을 위해 열두 번의 포옹을 추천한다.

 삶은 그러한 산술을 믿지 않는다. 그러나 어느 정도의 스킨십과 포옹이 모든 인간에게 필요한 것은 사실이다. 특히 아이는 어른보다 더 많은 횟수의 포옹이 필요하다. 그러나 모두가 똑같은 속도로 성장하지는 않으므로, 어떤 경우에는 겉보기에 어른인 사람이 아이보다 더 많은 포옹을 필요로할지도 모른다.

우리 사회는 이러한 인간의 욕구를 인정하지 않으며, 이 욕구에 대한 사회의 반응은 그다지 호의적이지 않다. 당연히 욕구는 계속 억압된다. 사람들은 이 인간의 감정에 솔직하지 못하다. 모든 사람은 사랑하고 사랑 받길 원하지만 말이다. 그들은 오직 가까운 사이끼리만 포옹한다. 그러나 그러한 포옹에도 따뜻한 진심이 담겨 있지 않을 때가 있다. 이런 무성의한 포옹은 자양분이 되지 못한다. 우리는 그보다 더 많은 것이 필요하다. 그렇다면 대안은 무엇일까? 나무를 포옹하는 것이다! 그것은 어떤 문제도 일으키지 않는다. 우리는 나무를 껴안으며 명상할 수 있다.

나무 껴안기는 고전적인 명상 수행법이다. 산스크리트어로 기술된 가장 오래된 명상서 『비갸나 바이라우 탄트라 *Vigyana Bhairau Tantra*』에도 이 점이 명시되어 있다. 오쇼는 명상을 위한 나무 껴안기에 대해 다음과 같이 설명한다. "경건한 마음을 위해 날마다 한 시간을 할애하라. 기도는 말로만 그쳐서는 안 된다. 기도는 느끼는 것이다. 머리로 말하지 말고 느껴라. 밖으로 나가 나무를 만져보라. 나무를 껴안아라. 나무에게 입맞춤하라. 눈을 감고 사랑하는 사람과 함께 있는 것처럼 나무와 함께 하라. 나무를 느껴라. 그대는 자아를 잠시 잊는 것이 어떤 의미인지, 다른 자아가 되는 것이 어떤 의미인지를 깊이 이해하게 되리라." 나무 껴안기는 남녀 모두에게 좋은 영향을 미칠 것이다. 더 자세한 내용은 오쇼의 저서 『비밀의 책 The book of the secrets』에서 알 수 있다.

오쇼는 제안한다. "나무 옆에 앉아서 눈을 감고 나무를 느껴라. 나무를 껴안으며 나무와 하나가 되어라. 사랑하는 사람과 함께 있듯. 그러면 때때로……예측하지 못한 일이 일어난다. 매번 그런 일이 일어나리라고 장담할 수 없다. 이따금 그런 일이 일어날 것이다. 무심코 일어나야만 하기 때문에 때때로만 일어나는 것이다."

나무에게 "안녕?" 하고 인사한 적이 있는가? 나무에게 인사해보라. 어느 날 그대는 놀라게 되리라. 나무도 자신의 혀와 언어로 "안녕?" 하고 그대에게 인사할 테니. 나무를 껴안아라. 그대만이 나무를 껴안았던 것이 아님을 느끼게 될 날이 곧 오리라. 나무도 반응하고 있었음을. 나무 또한 두 손이 없다 해도 그대를 껴안고 있었음을. 나무는 자기만의 방식으로 자신의 즐거움, 슬픔, 분노, 두려움을 표현한다.

나무를 껴안아라. 긴장을 풀고 나무와 교감하라. 그대의 존재 속으로 스며드는 나무의 초록 형체를 느껴라.

한 편의 영화는 웃음으로 만들어져야 한다

오쇼는 말한다. "인간에 대해 정의를 내리자면, 인간은 웃는 동물이다. 컴퓨터는 웃지 않는다. 개미도 웃지 않는다. 꿀벌도 웃지 않는다. 웃는 개와 마주친다면, 그대는 아마 겁을 먹을지 모른다! 들소가 갑자기 웃기라도 한다면, 아마 심장마비에 걸릴 것이다. 오직 인간만이 웃을 수 있다. 웃음은 성장의 절정이다."

웃음은 또한 영적인 특징이다. 웃음은 몸과 마음, 영혼에 이롭다. 최근에 의학계에서 웃음이 건강에 좋다는 결과를 발표했다. 웃음이 건강에 좋다는 것은 심리적인 관점이나 영적인 관점에서 이미 오래 전부터 기정사실이나 다름없었다. 자연스러운 웃음이 엔도르핀의 생성을 촉진한다는 것은 이제 과학적으로도 입증되었다. 과학자들은 엔도르핀을 "뇌에서 생성되어 사람의 기분을 좋게 만드는 물질"이라고 정의한다.

입증된 결과에 따르면, "웃음은 체내 기관을 '마사지' 한다. 그리하여 소화와 혈액 순환이 원활해지도록 돕는다. 웃을 때, 몸 안의 혈액은 더 원활히 순환한다. 웃음은 마음을 포함한 모든 체내 기관을 이롭게 하는 보약인 셈이다. 그로 인해 생각이 더 명료해지고, 더 창의적이 되고, 어려움도 더 현명하게 해결할 수 있다."

그대의 삶을 웃음으로 채울 수 있는 두 가지 방법이 있다. 첫째, 웃음 명상으로 하루를 시작하라. 둘째, 사무실 사람들과 함께 하라. 매일 아침 일을 시작하기 전 아침의 기도로서 유머를 모두와 공유하라. 분명히 사무실 분위기는 한층 좋아질 것이다.

오쇼는 웃음 명상을 생활화하기 위한 간단한 방법을 소개한다. "매일 아침 잠에서 깨자마자 눈을 뜨기 전 고양이처럼 몸을 스트레칭한다. 몸 구석구석을 스트레칭한다. 3분에서 4분 후, 여전히 눈을 감은 채 웃기 시작한다. 처음에는 일부러 웃고 있지만, 곧 자연스러운 웃음으로 이어질 것이다. 웃음에 몰두하라. 그러기까지 며칠이 걸릴지도 모른다. 아직 그런 일에 익숙지 않기 때문이다. 그러나 오래지 않아 이 웃음 명상은 그대의 하루를 여는 자연스러운 시작이 될 것이고, 어느새 그대의 하루는 사뭇 달라져 있을 것이다."

웃음 명상은 그대의 하루를 더 건강하고 활기차게 시작하기 위함이다! 이 건강 보약을 모두와 고루 나누어라. 오쇼의 세상에서, 웃음은 매우 신성한 것이다. 날마다 하는 기도와 같은 것이다. 오쇼는 웃음에 대한 어떤 판권도 요구하지 않으리라. 웃음을 전파하라. 그대 자신과 세상을 웃음으로 치료하라.

오전 9시부터 오후 5시까지, 혹은 더 많은 시간을 사무실에서 보내는 사람들은 대개 지친 모습이다. 하루가 저물 무렵이면 그들은 몸에서 정기가 빠져나간 사람처럼 생기를 잃어 멍해 보인다.

권태는 모든 인간을 괴롭히는 일반적인 병이다. 사람들은 즐거워지려고 애쓰지만 여전히 이 병에 시달린다. 사람들의 삶에서 유쾌한 것을 찾기란 매우 어렵다. 그들은 즐거움, 기쁨, 환희가 가득 찬 삶을 살지 않기 때문이다. 일은 즐거운 의무라기보다 무거운 부담처럼 느껴지며, 결국 그대는 진이 빠져버린다. 그 까닭은 명상하는 삶을 살지 않기 때문이다. 명상과 함께라면 일은 예술이자 궁극적인 숭배 대상이 된다. 나아가 기쁨의 실질적인 원천으로 바뀐다.

오쇼는 말한다. "명상하는 마음은 늘 새로움과 넘치는 생기 속에서 산다. 존재는 완전히 새로 태어난다. 이슬방울처럼 투명하게, 봄에 돋아나는 새 잎처럼 신선하게. 갓난아이의 두 눈과 같이 새롭다. 모든 것이 신선하고, 명료하고, 먼지 한 점 없이 맑다. 그대가 세상을 바라보며 모든 것을 진부하고 낡게 느낀다면 명상하는 삶을 살고 있지 않음을 말해준다. 모든 것이 낡아 있다고 느낀다면 그대의 마음이 낡은 것이고 타락한 것이다. 그대의 마음이 맑다면 세상도 맑다. 중요한 것은 세상이 아니라 거울이다. 거울이 먼지로 뿌옇다면 세상은 탁해 보인다. 거울에 먼지 한 점 없다면 어떻게 세상이 탁해 보일 수 있는가? 세상이 점점 탁해 보인다면 그대는 지루함 속에서 살게 될 것이다. 모두가 지루함을 느끼며 산다. 그들의 삶은 참으로 갑갑하다.

사람들의 얼굴을 보라. 그들은 무거운 짐을 어깨에 멘 듯 삶에 질질 끌려간다. 지루하고 의미 없는 삶이다. 모든 것이 그저 악몽이고 사악한 농담인 것 같다. 누군가가 악랄한 속임수를 써서 그들을 괴롭히고 있는 것 같다. 삶은 축복이 아니다.

축복일 수가 없다. 과거에 얽매여 있을 때 삶은 축복일 수 없다. 그대가 웃는다 해도 웃음은 지루함을 수반한다. 웃고 있는 사람들을 보라. 그들은 애써 웃고 있다. 그들의 웃음은 단순히 격식을 차리기 위한 웃음일지도 모른다. 그들의 웃음은 단순한 겉치레일지도 모른다."

사람들은 어떻게 해야 거리낌 없이 웃을 수 있는지를 잊었다. 웃음은 오로지 인간만 지닌 특징이다.

삶에게 "예스"라고 말하고 함께 웃으라

 진정으로 종교적인 사람이란 긍정적인 사람이다. 즉, 삶에게 "예스"라고 말하는 사람이다. 우리가 "예스"라는 말과 함께 웃을 수 있다면, 우리 앞에 완전히 새로운 차원의 삶이 펼쳐질 것이다.

 삶은 두 가지 기본 법칙을 따른다. 하나는 중력의 법칙이고, 다른 하나는 무중력의 법칙이다. 우리는 무중력을 우아함이라고 부를 수 있다. 그것은 명상의 초월적인 차원에 속한다. 중력은 우리를 가두지만, 무중력의 법칙은 우리에게 자유를 준다. 신비가들과 내면의 세계를 연구하는 사람들은 이 영역에 대해 잘 알고 있으며, 그들은 실제로 우아한 삶을 산다.

 오쇼는 '웃는 예언자'로 알려진 짜라투스트라[1]에 대해 말한다. 짜라투스트라는 심각함을 죄라고 비난하고 웃음을 성스러운 기도라고 예찬한다. 짜라투스트라는 말한다. "지구상에서 저질러진 가장 큰 죄는 무엇인가? '웃는 자들에게 화가 있을 지어다' 라고 말하는 것이다!"

수세기 동안 종교적인 사람들은 신을 두려워했고 삶을 고행으로 받아들였다. 그들은 신이 하늘에서 우리를 내려다보며 쾌락만을 추구하는 사람들에게 형벌을 내리고 지옥에 떨어뜨린다고 믿었다. 신을 이런 식으로 이해했기 때문에 인간의 삶은 매우 불행해졌다.

사람들은 삶을 즐길 수 없게 되었고 부정적으로 바라보게 되었다. 그러나 짜라투스트라와 오쇼는 이러한 접근에 동의하지 않았으며, 우리에게 삶을 긍정적으로 바라보라고 가르쳤다. 그들은 말했다. "더 오래 살고, 더 많이 사랑하고, 더 많이 웃으라."

오쇼는 짜라투스트라에 대해 이야기하며 이렇게 말한다. "웃음은 그대에게 에너지를 돌려준다. 그대의 몸을 이루는 모든 근육이 생기 있게 변하고, 몸의 모든 세포가 춤추기 시작

---

[1] 짜라투스트라Zarathustra(B.C.628~B.C.551): 고대 페르시아의 종교가. 조로아스터교의 창시자로 세계는 선신과 악신의 투쟁장이며 결국 선신이 이기게 된다고 역설함.

한다. 짜라투스트라는 지구상에서 인간에게 저지른 가장 큰 죄는 웃음을 금지한 것이라고 말한다. 맞는 말이다. 여기에는 깊은 의미가 담겨 있다. 웃음을 금지당할 때, 즐거움을 누리는 것을 금지당하고, 축복의 노래를 부르는 것을, 순수한 기쁨에서 우러나와 춤추는 것을 금지당한다.

웃음을 금지함으로써 삶에서 아름다운 모든 것과 삶을 살기 좋고 즐겁게 만드는 모든 것, 삶에 의미를 부여하는 모든 것이 파괴된다. 웃음을 금지하는 것은 인간을 억누르기 위해 동원된 가장 악랄한 계략이다. 심각함은 죄악이다. 명심하라. 심각함은 진지함을 의미하지 않는다. 진지함은 완전히 다른 현상이다. 심각한 사람은 웃을 수도, 춤출 수도, 놀 수도 없다. 그는 늘 자기 자신을 통제한다. 스스로 자기 자신을 감옥에 가둔다. 그러나 진지한 사람은 거리낌 없이 웃고 춤추고 기뻐할 수 있다. 진지함은 심각함과 관계가 없다. 심각함은 영혼의 병이다. 병든 영혼은 노예로 전락할 수밖에 없다."

웃음은 그대를 편안하게 만든다

 고타마 붓다는 다음과 같이 뜻 깊은 말을 전한다. "그대 자신이 빛이 되어라." 오쇼는 이에 대해 다음과 같이 덧붙인다. "그대 자신이 웃음이 되어라." 오쇼는 말한다. "그대들 모두가 종교적인 사람들이기 때문에 나는 웃음에 대해 말해야 한다. 그대들은 심각해지는 경향이 있기 때문이다. 그대들이 신앙심을, 철학을, 이론을, 체제를 잊도록 하기 위해, 그래서 땅에 엎드리게 하기 위해, 나는 때때로 그대들을 즐겁게 해야 한다."

 거침없이 웃을 때, 그 값진 순간 마음의 소음이 멈춘다. 바로 그 순간 우리는 무심無心 혹은 명상을 아주 잠깐의 순간이지만 경험하게 된다.

그러나 '종교적인' 사람들의 심각함은 인간의 마음을 짓누른다. 그 심각함 때문에 사람들은 죄책감을 느끼게 된다. 웃더라도 왠지 잘못하는 것 같은 기분이 든다. 웃음은 영화관에서는 환영을 받지만, 교회나 사원에서는 환영받지 못한다.

오쇼는 말한다. "나는 웃음을 가장 숭고한 종교적 특징이라고 본다. 해마다 특정한 날, 특정한 때에 한 시간 동안 전 세계가 다 같이 웃기로 한다면 어둠과 폭력, 어리석음을 이 세상에서 몰아내는 데 큰 힘이 될 것이다. 웃음은 인간에게만 있는 특징이기 때문이다……. 웃음은 그대의 마음을 편안하게 하고, 그대의 기분을 유쾌하게 하고, 그대의 세상을 아름다운 경험으로 만든다. 웃음은 삶의 모든 것을 바꿀 수 있다. 웃음은 삶을 살아갈 만한 가치가 있는 것으로 만든다. 그리고 삶을 감사해야 할 것으로 만든다.

독일의 사상가 카이저링[2] 백작은 건강이 비종교적이라는 글을 썼다. 사실 건강하지 않은 사람에게 욕망이 없는 까닭은 궁극적인 해탈에 이르러 더 이상 욕망을 느끼지 않기 때문이 아니다. 몸이 약해졌기 때문이다. 건강한 사람은 웃을 것이며, 즐겁고 유쾌하게 살길 바란다. 그는 슬퍼질 수 없다.

---

[2] 카이저링Keyserling(1855~1918): 독일의 소설가. 풍부한 정서와 우수가 깃든 소설이 그의 특징이다. 《베아테와 마레일레》, 《후작부인》 등의 단편 외에 장편소설과 희곡도 많이 썼다.

그러나 '종교적인' 사람들은 그대에게 단식하라고, 몸을 억압하라고, 그대 자신을 괴롭히라고 말한다. 웃음은 건강함에서 나온다. 웃음은 넘쳐흐르는 에너지다. 그래서 아이들은 웃을 수 있고, 아이들의 웃음은 완전하다. 아이들은 웃을 때 온몸으로 반응한다. 그래서 아이들의 발가락마저 웃고 있는 걸 볼 수 있다."

오쇼의 말에 따르면 웃음은 다차원적이다. 그대가 웃을 때 그대의 몸과 마음, 존재가 조화를 이뤄 웃는다. 구별, 구분, 정신분열적 요소는 사라진다. 오쇼가 웃음을 종교적인 차원으로 여긴 까닭은 바로 여기에 있다. '심각함'은 자아이고, 웃음은 무자아다.

종교는 삶의 축복 이외에 다른 것일 수 없다. 심각한 사람은 장애가 있는 사람이다. 그는 장애물을 만든다. 그는 춤추고 노래하고 축복할 수 없다. 그는 사막과도 같다. 그대가 사막이라면 스스로 종교적이라고 생각하며 계속 종교적인 척할 수 있으나 실제로는 그렇지 않다.

그대는 종파심이 강한 종교인일지도 모른다. 그러나 종교적이지는 않다. 그대는 무언가를 믿지만, 실제로 아무것도 알지 못한다. 이론에 얽매여 있는 사람은 심각해진다. 무엇에도 얽매이지 않는 사람이 웃는다.

존재의 모든 활동은 매우 아름다워서 웃음이 그에 대한 유일한 반응일 수 있다. 오로지 웃음만이 감사에 대한 진정한 기도다. 오쇼는 위대한 선승 포대화상[3]에 대해 말한다. 포대화상은 우리에게 '웃는 붓다'로 알려져 있다.

　"포대화상은 매우 깊은 의미를 우리에게 전한다……. 더 많은 사람들이 포대화상처럼 되어야 한다. 더 많은 사원들이 웃음과 춤과 노래로 가득해져야 한다. 심각함이 사라진다 해도 사라지는 것은 아무것도 없다. 오히려 그대는 더 건강해지고 더 완전해질 것이다. 그러나 웃음이 사라진다면 모든 것이 사라진다. 그대는 자신을 더 이상 축복하지 않는다. 그대는 무색이고 단조롭다. 어떻게 보면 마치 죽은 것 같다. 그대의 에너지는 더 이상 흐르지 않는다."

　그대가 축복의 마당에 있을 때 비로소 포대화상을 이해할 수 있다. 이론, 개념, 관념, 이데올로기, 신학, 철학에 지나치게 얽매여 있다면 포대화상이 전하는 의미를 깨달을 수 없으리라.

　오쇼는 인간에게서 웃음을 빼앗는 것은 곧 생명을 빼앗는 것이라고 말한다. 그것은 정신적인 거세다.

---

3 포대화상布袋和尚: 자루를 메고 다니면서 중생들이 원하는 것을 베풀어 포대화상으로 불림.

웃음이 명약이다

"해마다 신년을 유쾌한 웃음으로 시작하라." 오쇼는 이렇게 권한다. 그리하여 자아를 경계하고 우주를 그대 안으로 받아들이게 된다.

나의 삶에 대한 접근 방식은 웃음이다. 웃음은 사랑, 기쁨, 감사를 담는다. 웃음은 신에게 전하는 진정한 감사를 담는다. 그대가 포복절도할 때 그대의 자아는 사라진다.

다른 행동을 할 때 그런 일은 좀처럼 일어나지 않지만 웃을 때는 필연적으로 그런 일이 일어난다. 웃음이 완전할 때 자아는 존재할 수 없다. 웃음만큼 자아를 쉽게 사라지게 하는 것도 없다.

그래서 이기주의자들은 심각하다. 자아는 심각함 속에서만 존재할 수 있다. 자아는 심각함을 먹고 자란다. 심각한 사람은 위험하다.

우리는 세상에 존재하는 모든 종류의 심각함을 파괴해야 한다. 사원은 웃음과 노래, 춤과 축복으로 가득해야 한다. 그런 식으로 나무, 별, 강, 바다가 존재한다. 인간을 제외한 모든 존재는 심각하지 않은 상태로 존재한다. 오직 인간만이 심각해지는 듯하다.

어떤 아이도 심각하게 태어나지 않는다. 그러나 우리는 아이의 천진난만함을 파괴한다. 경이감과 경외감을 느낄 줄 아는 아이의 특징을 파괴한다. 우리는 아이의 웃음을, 아름답고 가치 있는 모든 것을 파괴한다. 대신 우리는 아이에게 짐을 지운다. 지식, 신학, 철학의 짐을. 교육을 받을수록 유머 감각은 사라진다. 지식을 통해 살게 된다. 너무 많은 걸 알기 시작하면서 경외감과 경이감이 사라진다. 내가 가르치는 웃음은 그대를 완전히 파괴할 것이다. 그것은 십자가에 못 박힘이다.

그러나 파괴 후에야 비로소 창조가 시작된다. 우주에 대폭발이 일어나야 별이 생성된다. 십자가에 못 박힌 후에야 부활할 수 있다.

그대는 웃음보다 오래 살 수 없을 것이다. 그대가 웃음을 진심으로 받아들인다면 그대는 웃음 속으로 빠져들게 된다. 그리하여 그대는 사라지고 오로지 웃음만이 존재하리라.

그대가 웃는다면 웃음은 완전하지 않다. 오로지 웃음만이 있고 그대가 없을 때 웃음은 완전하다. 바로 그때 그대는 신의 유머를 듣게 된다.

그렇다. 이 온 우주가 유머다. 힌두 사람들은 그것을 '릴라'라고 부른다. 그것은 유머이자 유희. 그대가 그것을 이해할 때 그대는 웃기 시작한다. 그 웃음은 멈추지 않는다. 웃음은 온 우주로 퍼진다.

웃음은 기도다.

그대가 웃을 수 있다면 기도하는 법을 아는 것이다. 심각해지지 말라. 심각한 사람은 종교적일 수 없다. 오직 웃을 수 있는 사람만이, 다른 사람들뿐 아니라 자기 자신에게도 웃을 수 있는 사람만이 종교적일 수 있다.

거침없이 웃을 수 있고 삶의 게임에서 장난스러움을 볼 수 있는 사람은 그 웃음에서 깨달음을 얻게 된다.

나는 그대에게 삶을, 사랑을 가르친다. 나는 그대에게 춤추는 법을 가르친다. 삶을 즐거움의 축제로 만들기 위해.

그대가 눈물을 흘리며 운다 해도 그대의 눈물에는 웃음이 담겨 있어야 한다. 눈물은 춤추고 노래해야 한다. 그 눈물은 슬픔과 불행의 눈물이 되어서는 안 된다.

자연과 함께 사는 것은 신과 함께 사는 것이다

왜 사람들은 사원에 갈까? 그 대답은 분명하다. 평화를 얻기 위해, 앉아서 명상하기 위해, 예전에 그곳에서 명상했던 사람들의 에너지를 느끼기 위해 사원에 간다.

그러나 오늘날 전통적인 사원들은 대부분 상업과 정치의 장으로 변질되었다. 물론 그곳에서 사람들이 정기적으로 기도를 하지만, 이는 형식적인 기도에 불과하며 신을 향한 경외감에서 벗어나 있다. 이러한 기도에는 순수함이 없다. 물질주의와 정치로 공기가 혼탁해진 그곳에서 진정한 명상에 이르기는 어렵다.

진정으로 명상과 기도를 하고 싶다면 완전히 다른 종류의 사원, 인공적이지 않은 사원으로 눈을 돌릴 필요가 있다.

다행히도 오염되지 않은 사랑의 사원들이 여전히 존재한다. 그대는 그러한 사원들을 자연에서 찾게 되리라. 나무 아래에 가서 앉아라. 숨쉬고 명상하라. 그대는 사랑의 기도로 충만하리라.

나무는 늘 생명의 에너지를 준다. 나무는 그대에게 종교나 계급을 묻지 않을 것이다. 그대는 나무를 껴안을 수 있다. 나무의 심장이 고동치는 걸 느껴라. 그와 동시에 그대는 자신의 심장이 고동치는 걸 느끼게 되리라.

그러나 아는 사람을 껴안을 때 그대는 그런 감정을 느끼지 못할 것이다. 요즘에는 어느 누구도 아무 조건 없이 선뜻 누군가를 껴안지 않기 때문이다. 나무는 사랑의 사원이다. 나무는 늘 우리에게 사랑을 주기 때문이다.

산이나 바다로 가서 탁 트인 대지에 앉아라. 산과 개울의 소리를 듣는 동안, 자연스럽게 명상에 이르리라. 명상을 하기 위해서는 그대의 영혼을 위한 특정한 공기와 공간이 필요하다. 그때 비로소 그대의 영혼은 하늘 높이 날 수 있다. 그런 일은 오로지 자연에서만 가능하다.

오쇼는 신비가 카비르의 노래를 전하며 이렇게 말한다. "자연과 함께 사는 것은 간접적인 방식으로 신과 함께 사는 것이다. 자연은 수많은 방식으로 신을 반영하기 때문이다. 나무,

뻐꾸기 우는 소리, 소나무를 스치는 바람, 바다를 향해 흐르는 강, 태양 한가운데에 우뚝 솟은 산, 별이 빛나는 밤, 이러한 자연을 보고 있노라면 보이지 않는 손을 생각하지 않을 수 없다. 바다는 위아래로 물결치며 호흡한다. 모든 존재가 성장하는 현상이다. 자연은 죽지 않는다. 자연은 죽을 수 없다.

 모든 것은 성장한다. 이런 현상 때문에 인간은 늘 모든 존재 이면에 있는 보이지 않는 신비로운 힘을 느껴왔다. 그 힘은 신이라고 불린다. 신은 사람이 아니라 존재일 뿐이다. 그대가 히말라야 속으로 깊숙이 들어갈 때 그대는 다시 숭상하는 마음, 경외감과 경이감 등을 느끼기 시작한다. 그대는 원시 시대의 사람이 쉽게 느꼈을 법한 감정에 다시금 사로잡히게 된다."

CHAPTER 04

지금 여기

명상은 그대의 공간을 넓게 만든다. 명상은 그대의 모든 감각을 정화한다. 명상은 그대의 감각을 예민하게 만들어 곁을 스치는 가장 희미한 향기조차 맡을 수 있게 한다. 아주 작은 소리마저도, 침묵의 소리조차 매우 크고 명료하게 들릴 것이다. 우리는 의미 없이 살고 있다. 존재의 위대한 것을 우리는 모두 놓치고 있다. 깨달음을 얻어 무념무상에 이른 사람만이 아름다움이 무엇인지, 즐거움이 무엇인지, 환희가 무엇인지 안다. 환희가 무엇인지 아는 순간 신은 필요치 않다. 율법도 필요치 않다. 수양도 필요치 않다. 새롭고 신선한 모든 것이 그대의 무념에서 나온다. 그대는 처음으로 속박 없는 자유 속에 살리라. ─오쇼

오늘을 위해 살라

오쇼는 해탈을 가장 간단하게 이렇게 정의했다. "해탈은 지금 여기에서 사는 것이다. 바로 이 순간이 전부다."

오쇼는 말한다. "그대는 두 개의 순간을 동시에 거머 쥘 수 없다. 오직 단 하나의 순간만이 있다. 그 순간은 찰나이기 때문에 생각이 움직일 공간도, 생각이 존재할 공간도 없다. 그대는 지금 이 순간을 살거나 생각할 수 있다. 지금 이 순간을 사는 것이 해탈하는 것이다. 생각하는 것은 해탈하지 못한 것이다."

오쇼는 해탈이 그대가 이루어야 할지 말지를 결정해야 하는 목표가 아니라고 말한다. "해탈은 우리가 오로지 현재의 순간을 살아가고 있음을 깨닫는 것이다. 다음 순간은 불분명하다.

다음 순간은 올 수도, 오지 않을 수도 있다."

예수 그리스도는 제자들에게 말했다. "들판에 핀 백합꽃을 보라. 얼마나 아름다운가! 위대한 솔로몬도 저 가난한 백합꽃보다 더 아름다운 옷을 입지 못했다." 그 비결은 무엇인가? 백합꽃은 내일을 생각하지 않는다. 백합꽃은 지금 산다. 백합꽃은 여기에 산다. 지금 사는 것이 해탈이다. 여기에 사는 것이 해탈이다. 백합꽃이 되는 것이 바로 이 순간 해탈하는 것이다! 내가 하는 말을 생각지 말라. 생각지 말고 그저 지금 여기에 있으라. 이것이 해탈의 맛이다. 그대가 그 맛을 본다면, 그대는 점점 더 그 맛을 음미하길 원할 것이다.

오쇼는 이렇게 덧붙인다. "해탈은 그대에게 처음으로 참된 만족, 참된 기쁨, 참된 환희를 가져다주리라." 해탈이 그대에게 참됨의 맛을 전할 때, 그대는 알게 될 것이다. 그대가 그동안 느꼈던 모든 즐거움, 모든 행복이 단순히 허상에 지나지 않았음을. 그것들은 진짜가 아니었음을. 이제 그대에게 오는 것이 영원히 오는 것이다.

그것이 바로 참됨의 정의다. 그대에게 찾아온 만족감이 다시 그대를 떠나지 않을 때, 그것이 참된 만족감이다. 왔다가 사라지는 만족감은 참된 만족감이 아니다. 그저 두 개의 고통 사이에 벌어져 있는 간격에 불과하다. 그대에게 온 후 다시 사라지지 않는 것이 진짜다.

 '해탈'이라는 말에 신경 쓰지 말라. 그대가 무엇이라 부르든 중요하지 않다. '깨달음'이라 부르든, '환희'라 부르든, '자기실현'이라 부르든, '모든 잠재력의 실현'이라 부르든, 아무래도 상관이 없다.

 그러나 하나만을 기억하라. 해탈은 오로지 처음만을 안다. 해탈은 끝을 모른다.

영원한 현재를 사는 기쁨

 우리 마음은 매우 이상한 구조로 되어 있다. 과거나 미래에 관한 생각들을 끊임없이 제조한다. 그 생각들이 긴장의 모든 원천이다. 과거는 우리를 뒤로 끌어당기는 한편, 미래는 우리를 앞으로 끌어당긴다. 마음은 현재의 순간에 머무는 법을 알지 못한다.

 사실 현재는 시제가 아니다. 어법상 현재 시제가 존재하긴 하지만 현재는 시제가 없는 공간이다. 과거 시제와 미래 시제 사이에는 긴장이 없다. 현재는 영원한 지금의 공간이다. 명상은 이 공간에서 일어난다.

 명상가는 처음에 이 공간에서 순간적인 번득임을 경험한다. 그 번득임이란 즐거움이다. 한편, '싯다Siddha', 곧 깨달은 사람은 영원한 지금의 공간에 영원히 머문다. 제자들이 예수 그리스도에게 '신의 왕국'이 무엇인지 물었을 때, 그는 대답했다. "나의 '신의 왕국'에서 시간은 더 이상 존재하지 않는다." 예수가 내린 정의는 독특하면서도 매우 큰 의미를 전한다. 불교도, 힌두교도, 자이나교도, 기독교도들은 종교의 영역을 따질 때 이데올로기적 차이를 드러낼지 몰라도 '열반', '해탈', '자기실현' 혹은 '신의 왕국'의 의미에 대해서는 이견을 보이지 않는 듯하다.

오쇼는 과거, 현재, 미래 그리고 영원의 현상에 대해 자세히 설명한다. "어제가 사라지고 내일이 사라지면 오늘은 어디에 있는가? 오늘은 어제와 내일 사이에 있다. 양쪽의 강기슭이 사라진다면 다리는 사라질 것이다. 그리하여 시간이 점점 희미해진다. 처음에는 과거가, 다음에는 미래가, 마침내 현재가 희미해진다. 이제 그대에게 남은 것은 시간이 아니라 영원의 상태다. 붓다는 이 상태를 '열반'이라고 말한다. 영원을 경험하는 것은 불멸을 경험하는 것이다. 영원을 경험하는 것은 참된 것을 경험하는 것이다. 그것은 과거도 현재도 미래도 아니다. 그것은 어떤 구획이나 범주로 제한될 수 없다. 그것은 분류될 수 없다. 그대는 매 순간을 경험하며 지극한 평화로움과 고요함과 즐거움을 느낀다. 그리하여 매 순간이 유쾌해지고 생기 넘친다. 매 순간이 축복이 된다. 그것을 상상하거나 묘사하는 일은 불가능하다. 그것을 알기 위해 그대는 그것을 알아야 한다. 그 이외에 다른 방법은 없다. 그것은 표현할 수도, 설명할 수도 없다. 그것은 가장 큰 신비로움이다……. 예수 그리스도는 그것을 '신의 왕국'이라고 부를 것이다. 그리고 붓다는 그것을 '정지 상태(a state of cessation)'라고 부른다. 이는 모든 것이 멈춘 상태다."

올바른 호흡은 삶을 바꾸는 데 도움이 된다

무미건조한 삶에 맛과 멋을 더하려면 '그때 저기'에 살기보다 '지금 여기'에 사는 기술이 필요하다.

지난 1만 년에 걸쳐 놀라운 효과를 발휘했던 하나의 명상법은 호흡을 주시하는 것이다. 그 순간에 의식이 완전히 깨어나기 때문에 이 명상은 실패할 염려가 없다. 명상은 또한 그 순간에 존재하는 기술을 의미한다. 과거도, 미래도 아닌 지금 이 순간에.

우리가 만트라[1]를 부르거나 암송할 때 마음은 사방을 헤맨다. 계속 생각하고, 계속 계산한다. 우리는 아내나 연인, 친구

---

1 만트라Mantra: 진언(眞言). 석가의 깨달음이나 서원(誓願)을 나타내는 말. 불교에서 진실하여 거짓이 없는 신주(神呪)를 뜻함.

혹은 적과 상상의 대화를 할지도 모른다. 누구와 하느냐는 중요하지 않다. 어쩌면 우리는 상상 속에서 창조한 '전능하신 신'과 대화할지도 모른다.

우리는 어떤 망상을 창조할지도 모른다. 마음이 우리를 과거나 미래로 이끄는 모든 것을. 그렇다면 우리를 지금 이 순간으로 다시 이끄는 것은 무엇인가? 그것은 호흡이다.

우리는 과거나 미래에서 호흡할 수 없다. 그것은 불가능하다. 우리가 호흡할 때 생각 또한 정지한다. 호흡에 주의를 집중할 필요가 있기 때문이다. 그대는 주의를 분산할 수 없다.

호흡은 몸에서 일정한 양의 에너지를 생성한다. 그 에너지는 몸에 좋은 영향을 미친다. 특히 오쇼가 현대인을 위해 고안한 명상법들에서 호흡은 활발하게 일어난다. 그러한 명상법들은 숨을 관찰하는 단순한 명상법들보다 훨씬 효과적이다.

그러한 명상법들을 통해 그대는 더 깊이 이완하게 된다. 그대가 이완할 때 숨을 수동적으로 그리고 자연스럽게 관찰할 수 있다. 그리고 그 순간에 계속 머물 수 있다. 위파사나 명상법에서 그대는 의식적으로 숨과 함께 안으로 들어오고 숨과 함께 밖으로 나온다. 그사이에 시간의 공백은 없다. 그대는 숨을 들이쉴 때 내쉬는 것에 대해 생각하지 않는다. 내쉴 때는 숨을 들이쉬는 것에 대해 생각하지 않는다. 이 기법을 시도해보라. 이 과정에서 그대에게 무슨 일이 일어나는지를 보라. 뜰로 나가거나 나무 아래에 앉거나 누구의 간섭도 받지 않을 만한 혼자만의 공간으로 가라.

그대가 느끼는 한 격렬히 호흡하라. 숨을 내쉬고 들이쉬는 일에 모든 에너지를 쏟으라. 그러다 보면, 앉고 싶거나 서고 싶거나 혹은 눕고 싶을지도 모르는 순간이 자연스럽게 올 것이다. 그렇다면 그렇게 하라.

그런 다음 숨이 들어오고 나오는 것을 관찰하라. 그대는 가장 깊은 안정과 완전한 이완을 느끼게 되리라. 그와 동시에 명상에 이르게 되리라. 그러한 명상법으로 자신의 리듬과 시간의 한계를 찾을 수 있다.

CHAPTER 05

사랑을 찬미하라

사랑 속에서 그대는 다른 사람들과 연결된다. 명상 속에서 그대는 자신과 연결된다. 두 가지 모두 그대를 풍요롭게 한다. 사랑이 깊은 명상을 바탕으로 하지 않는다면, 그 사랑은 피상적인 차원에 머물 것이다. 그 사랑은 친밀해지지 않으리라. 결코 깊어지지 않으리라. 그 사랑은 그대에게 즐거움을 주지 못하고 오직 고통만을 줄 것이다. 결코 환희를 불러오지 못하리라. 사랑은 명상을 바탕으로 해야 한다. 한편 사랑이 빠진 명상은 건조한 사막이자 황무지다. 그곳에서 꽃은 피어나지 않을 것이다. ―오쇼

사랑 : 광활한 하늘로 날아올라라

　우리는 모두 사랑 받고 싶어 한다. 사랑 없는 삶은 완전히 무의미한 것처럼 보인다. 사랑은 신선한 산들바람처럼 다가와 우리 마음을 열고 의식을 높인다. 그리하여 자유로운 새들처럼 날개를 활짝 펴고 하늘 높이 날아오른다.

　사랑은 일상적인 걷기를 춤으로 만든다. 우리는 걷고 있지 않는 것처럼 걷는다. 우리는 날기 시작한다. 우리를 아래로 끌어당기는 중력 현상은 힘을 잃는다. 대신 우리를 위로 끌어당기는 무중력의 영역으로 들어간다. 사랑은 자유의 궁극적인 맛이다. 이 자유는 매우 독특하다. 타인들에게서, 그리고 자기 자신에게서 해방된 자유다. 사랑은 자아 없음의 상태다.

　오쇼는 수피교도 시인, 루미의 아름다운 일화 하나를 소개한다.

한 남자가 사랑하는 사람의 집에 가서 문을 두드렸다. 안에서 한 목소리가 물었다. "누구세요?"

그가 말했다. "문 열어요. 나예요."

아무 대답이 없었다. 안에는 침묵이 감돌았다. 그가 다시 문을 두드리며 계속 소리쳤다. "문 열어요. 나예요. 그대의 연인." 그러나 아무 반응이 없었다.

마침내 안에서 목소리가 들렸다. "이 집에 둘을 받아들일 수 없어요. 이 집은 사랑의 집이에요. 사랑의 집은 둘을 수용할 수 없어요." 다시 침묵이 이어졌다.

그는 발길을 돌렸다. 그리고 숲을 돌아다니며 몇 년의 세월을 보냈다. 그는 수차례 단식하고 수행했다. 많은 의식을 치렀고 신성한 일들을 했다. 그리하여 자신을 정화했고, 마음을 깨끗이 비웠다. 그는 더욱 의식적이 되어 그 상황들을 이해하기 시작했다.

오랜 세월이 흐른 뒤, 그는 다시 돌아와 문을 두드렸다. 안에서 그때와 같은 질문이 돌아왔다. "누구세요?"

그러나 이번에 들려온 대답은 이러했다. "오로지 그대라오."

그러자 그 문은 열렸다.

그대가 어느 누구로서 신의 문 앞에 이른다면, 아무리 산야신(구도자)이나 현자라고 해도 문 안으로 들어가지 못하리라. 그대가 오로지 아무것도 아니고 아무도 아닐 때만, 그대가 그대의 자아를 완전히 비웠을 때만, 그 문은 열린다.

일상생활 속에서도 마찬가지로 그대가 아닐 때, 그대가 상대방과 완전히 동화될 때, '나'의 목소리가 사라졌을 때, 그때 비로소 사랑의 문이 열린다. '나'가 그대보다 덜 중요해지고, '너'가 그대의 완전한 삶이 될 때, 그대는 사랑하는 사람을 위해 그대 자신을 비울 수 있다. 그대는 기꺼이, 그리고 행복하게 죽음 속으로 들어갈 수 있다. 그때 비로소 사랑은 꽃핀다.

그대가 상대와 완전히 동화될 때, '나'의 목소리가 사라졌을 때, 비로소 사랑의 문이 열린다.

오쇼는 『진정한 이름The True Name』에서 "궁극적인 사랑이 꽃필 때에는 그대의 흔적이 남지 않는다. 그대의 이름, 직함, 자아도 먼지로 변해야 한다. 오직 그대가 자신을 완전히 비웠을 때 궁극적인 사랑이 꽃핀다. 예수의 말을 명심하라. '자기 자신을 구원한 자는 잃게 되리라. 자기 자신을 잃은 자는 구원 받으리라.' '예수의 왕국'에서 자기 자신을 파괴한 자는 모든 것을 달성한다. 자기 자신을 구원한 자는 모든 것을 잃는다."

또 다른 이야기에서 오쇼는 진정한 사랑을 묘사한다. "사랑은 그대에게 자기 자신이 되는 자유를 준다. 사랑은 그대가 자기 자신이도록 돕는다."

사랑하는 사람은 자기 뜻에 맞지 않더라도 연인이 고통 받는 대신 자기가 고통 받는 길을 택한다.

또 다른 옛이야기가 있다…….

남편을 사랑한 한 여자가 있었다. 그러나 남편은 그녀에게 관심이 없었다. 그는 한 매춘부를 사랑했다. 물론 매춘부는 사랑을 하지 않는다는 걸 그도 잘 알았다. 하루에도 상대해야 할 남자 손님이 많았기 때문이다. 그는 그 많은 손님들 중 한 명에 불과할 뿐 연인이 아니었다. 게다가 돈이 떨어지면 가차없이 문밖으로 쫓겨나리라는 것도 여러 번 목격한 터라 잘 알았다.

그는 건강이 악화되었고, 가산도 탕진했다. 이제 그는 죽어가고 있었다. 그가 죽어가자 아내가 물었다. "마지막 소원이 있다면 말해보세요. 떠나는 길에 미련이 남지 않게……."

남편이 대답했다. "있소, 소원이 하나 있소. 하지만 이 말을 하기가 민망하구려."

"전 당신을 있는 그대로 사랑해요. 부끄러워 마세요. 지금은 부끄러워할 때가 아니에요. 저는 당신을 있는 그대로 사랑해요. 부끄러움을 느낄 필요가 없어요."

남편이 말했다. "내 유일한 소원은 죽기 전에 한 번 더 그 매춘부를 보는 거요."

여자가 대답했다. "알겠어요."

그는 돈을 모두 잃었다. 집에는 돈이 없었다. 아내는 죽어가는 남편을 어깨에 짊어지고 매춘부가 있는 유곽으로 갔다. 그리고 문을 두드렸다.

매춘부는 문을 열자마자 눈앞의 광경을 믿을 수 없었다. 매춘부가 말했다. "내가 지금 꿈을 꾸고 있는 건가요? 믿을 수 없군요. 당신은 이 남자의 아내가 아닌가요……?"

아내가 말했다. "네, 난 이 남자의 아내고, 이 남자를 사랑하는 사람입니다."

매춘부가 말했다. "그런데 왜 여기로 데려온 거죠? 이 남자는 당신의 삶을 망쳤어요. 돈도 몽땅 써버렸고요. 게다가 나한테 빠져 있었어요. 나로 말하자면, 돈이 떨어진 남자와는 그날로 관계를 끝내버리지요. 이 남자는 그저 손님일 뿐이었어요. 이 바닥이 원래 그렇다는 건 댁의 남편도 알고 있지요. 그런데 당신은 참 이상한 여자군요!"

여자가 말했다. "하지만 죽어가는 남편의 소원이에요. 남편은 당신을 보고 싶어 했어요. 저는 남편을 정말 사랑하기 때문에 차마 안 된다고 말할 수 없었어요. 남편의 행복 속에 제 행복이 있어요. 남편이 만족하며 죽을 수 있다면, 저는 제 임무인 제 사랑을 완수했다고 느끼게 될 거예요."

여자는 남편에 대해, 남편의 모든 행동에 대해 불평하지 않는다. 매춘부를 질투하지도 않는다. 사랑은 질투를 모른다. 사랑은 불평을 모른다. 사랑은 깊은 이해다.

그대는 누군가를 사랑한다. 그것은 상대방이 그대를 똑같이 사랑해야 함을 의미하지 않는다. 사랑은 거래가 아니다. 사랑의 의미를 이해하려고 노력하라. 그대는 소위 연애 사건들로는 사랑의 의미를 이해할 수 없을 것이다.

이상한 일이지만 명상에 깊이 이를수록, 더 고요해질수록, 더 함께 있을수록, 더 편안해질수록 그대는 사랑의 의미를 이해하게 되리라. 그대는 특정한 에너지를 분출하리라. 그대는 사랑하게 될 것이다. 사랑의 아름다운 특징들을 알게 될 것이다.

사랑은 몸과 영혼에 자양분을 준다

 사랑은 삶에서 가장 영적인 경험이며, 우리의 몸과 마음과 영혼을 위한 자양분이다.

 우리는 이 세상에 왔다. 왜 왔는지도 모른 채 말이다. 우리는 언젠가 죽을 것이고, 그 죽음은 예고 없이 찾아올 것이다. 그래서 탄생과 죽음은 우리 선택 너머에 있다.

 탄생과 죽음 사이에 사랑이 있고, 사랑은 우리가 선택할 수 있는 유일한 현상이다. 사랑을 선택할 수 있기 때문에 우리는 삶 속에서 자유로움을 느낀다.

 그러나 불행히도 우리는 무의식적으로 살기 때문에 우리의 사랑조차 집착 혹은 속박으로 전락한다. 결국 사랑은 불행이 된다.

신비가 미르다드는 말했다. "사랑은 집착에서 벗어난 유일한 자유다. 그대가 모든 것을 사랑할 때 무엇에도 집착하지 않는다." 모든 것을 사랑하고 무엇에도 집착하지 않는 것이 사랑하며 존재하는 것의 특징이다. 그리하여 사랑은 우리의 향기가 된다.

그리고 후에 미르다드는 덧붙였다. "한 여자의 사랑 때문에 포로가 된 남자와 그 반대로 한 남자의 사랑 때문에 포로가 된 여자는 자유라는 고귀한 왕관을 쓸 자격이 없다. 그러나 사랑으로 하나가 되어 서로 분리할 수 없고 구별할 수도 없게 된 남녀는 그 왕관을 쓸 자격이 충분하다."

남녀 관계든, 다른 어떤 관계든, 사랑은 단순한 관계 그 이상이다. 사랑은 매 순간 의식적으로 관계를 맺는 과정이다.

그대 자신이 되어라

인생의 행로에서 무언가를 찾는 사람에게 가장 필요한 것은 무엇인가? 그가 도달하려는 목표는 무엇인가? 더없는 기쁨과 만족을 얻기 위해서는 무엇을 추구해야 하는가? 그러나 무엇보다 가장 중요한 것은 이 만트라다. "그대 자신이 되어라."

우리를 둘러싼 사회 환경은 우리가 늘 사회 구조에 어울리는 방식으로 살기를 기대한다. 사회는 개인, 개인의 타고난 자아, 개인의 자유를 고려하지 않는다. 개인은 매우 인공적이고 피상적인 그 무엇에 희생된다. 이 세상의 모든 아이가 그렇게 자라도록 교육 받기 때문에 성장 과정에서 본연의 자아를 잃는다. 그리하여 사람들은 지나치게 걱정이 많고, 자신을 보는 남들의 시선을 두려워하며, 계속해서 남들의 인정과 지지를 구하려고 하고, 자기 자신을 사랑하고 존중할 줄 모른다. 이것은 슬프고 불행한 삶을 살기 위한 가장 확실한 방법이다. 아이들이 사회의 일부가 되도록 길러지는 동안 그 아이들에게 그러한 불행이 찾아온다.

오쇼는 제일 먼저 자기 자신을 사랑하라고 말한다. "자기 자신을 사랑하는 것이 근본적인 변화의 기초가 된다. 자기 자신을 사랑하는 것을 두려워하지 말라. 자신을 온전히 사랑하라. 그러면 그대에게 놀라운 일이 일어나리라. 자신을 비난하고 경멸하는 것을 멈출 때, 원죄에 대한 생각을 지울 때, 자신을 가치 있는 존재로, 신의 사랑을 받는 존재로 여길 때, 커다란 축복이 그대를 찾아오리라……. 자기 자신을 사랑하는 사람은 쉽게 명상적일 수 있다. 명상은 그대가 그대 자신과 함께 있음을 의미하기 때문이다. 그대가 자신을 싫어한다면, 그대가 자신을 싫어하기 때문에, 자신을 싫어하라고 사람들이 말하기 때문에, 또는 종교적으로 그렇게 해왔기 때문에 그대가 자신을 싫어한다면, 어떻게 그대는 그대 자신과 함께 있을 수 있는가? 명상은 오직 그대의 아름다운 '홀로 있음'을 즐기고 자신을 축복하는 것이다. 그것이 명상의 전부다."

그대가 사회의 관습과 윤리 속에서 자신을 잃었다면, 서둘러 집으로 돌아와야 한다. 스스로 자연스러워지고 자발적이 되어야 한다. 자신이 돼라! 그럴 때 더없는 기쁨과 만족감이 그대를 찾아오리라!

사랑은 진정한 자양분이다

 관계는 삶에서 언제나 큰 부분을 차지하며, 가장 중요한 부분이다. 우리는 남들과 어떻게 관계를 맺어야 하는지, 얼마나 깊게 혹은 피상적으로 관계를 맺어야 하는지를 생각하고 걱정하며 살아간다. 우리는 자주 관계에 얽매이거나 휩쓸린다. 모든 관계는 처음에 즐거움을 약속하지만, 즐거움은 어느새 괴로움으로 바뀐다. 어떤 관계는 불안을 야기하고, 또 어떤 관계는 우리를 의존적으로 만든다.

 어떤 관계는 매우 아름답게 보여서 우리는 그 관계를 놓치고 싶어 하지 않는다. 그래서 그 관계에 애착을 보인다. 애착은 집착이 되어 그대를 고통과 불행의 나락으로 빠트린다. 그러한 관계는 극단적인 반응을 불러일으킨다. 우리는 집착하거나 혹은 도피하기 시작한다. 이런 극단적인 상황들은 건강하지도 않을뿐더러 조화롭지도 않다. 그러한 관계는 사랑과 전혀 무관하며, 허약하고 의존적이다. 우리의 정신, 마음, 감정을 혼란 속에 빠트리는 관계는 자양분이 되지 못한다.

사랑은 진정한 자양분이다. 그러나 우리가 사람들과 관계 맺는 방식은 사랑과는 거리가 멀다. 사랑은 순수한 기쁨이다. 그러나 관계들은 우리의 생명을 빨아들이고, 우리를 고통에 빠트린다. 그렇다면 어떤 방식이어야 하는가? 어떻게 해야 집착과 고통에서 해방될 수 있을까?

오쇼는 우리를 인도한다. "내가 떠올리는 진정한 인간다움은 서로 관계를 맺는 가운데 어떤 관계에도 집착하지 않는 순수한 개인의 모습이다. 그들은 서로 사랑하지만 서로에게 집착하지 않는다. 그들은 모든 즐거움과 행복을 공유하지만 서로를 지배하고 속박하려 하지 않는다."

내가 떠올리는 진정한 인간다움은 가족, 국가, 인종이 아닌 개인으로 구성된 세상의 모습이다.

오쇼는 말한다. "욕구와 요구, 욕망을 넘어설 때 사랑은 '부드러운 나눔'이자 '깊은 이해'가 된다. 그대가 스스로를 이해할 때, 그대는 완전한 인간다움에 대해 이해하게 된다. 그때 어느 누구도 그대를 불행하게 할 수 없다……."

내면의 어둠을 물리치라

 그대는 새해를 어떻게 맞이하는가? 한 해가 지나 나이를 한 살 더 먹었다는 것 말고 다른 관점에서 새해를 맞은 적이 있는가?

 물론 한 해가 지나 나이를 한 살 더 먹은 것은 맞지만, 이런 관점에서 새해를 맞는 것은 우울하다. 우리는 이런 식으로 삶을 살아서는 안 된다. 새해를 진정으로 기쁘게 맞이하려면 매 순간을 새로움으로 사는 기술이 필요하다. 오쇼의 관점에서 "매 순간 새롭게 삶의 즙을 짜내는 것"이다.

 삶은 며칠, 몇 주, 몇 달 혹은 몇 년 후에 오지 않는다. 삶은 매 순간 우리에게 온다. 그렇기 때문에 우리는 매 순간 우리에게 오는 삶을 환영해야 한다. 오직 그때에만 새해를 진심으로 축복할 수 있으리라. 이렇게 접근하면 모든 것을 축복할 수 있다.

축복은 삶의 한 방식이어야 하며, 달력에 표시된 특별한 날들 뒤로 미루어져서는 안 된다. 물론 가족, 친구, 깨달음을 얻은 신비가, 스승, 사드구루(진정한 구루) 그리고 현자와 같이 우리가 사랑하고 존경하는 사람들의 생일을 축하하는 것도 의미 있는 일이다. 그러나 정작 중요한 일은 자신의 삶을 축복하는 것이고, 그렇게 함으로써 삶을 잠식하는 어둠과 지루함을 쫓아버리는 것이다. 축복은 틀에 박히고 지루한 삶을 활기 있고 기쁨이 넘치는 삶으로 바꿀 수 있다. 우리가 살아 있지 않을 때, 우리의 가슴이 고동치지 않을 때, 살아도 사는 것이 아니다. 축복은 삶의 맥박이다.

인간의 비극은 인간을 제외한 모든 피조물이 늘 축복 속에 산다는 것이다. 자연은 목적이나 이유 없이도 축복한다. 인류는 줄곧 자연을 파괴해왔지만 자연은 더 많은 잎과 꽃을 창조하고, 계속해서 모두와 공유한다. 자연은 인색하지 않다. 그래서 자연은 나눌 만한 것을 많이 가지고 있다.

오쇼는 말한다. "자연은 낭비가다. 꽃 한 송이가 필요한 곳에 자연은 수백만 송이의 꽃을 피운다. 나무 한 그루가 자라리라……. 나무 한 그루를 위해 수백만 개의 씨앗이 준비된다. 그 씨앗들이 모두 땅으로 떨어지지만 그중 나무로 자라는 것은 몇 개의 씨앗일 뿐이다. 그렇다면 왜 그렇게 많은 씨앗이 떨어지는가? 신은 구두쇠가 아니다. 그대가 하나를 부탁하면 신은 수백만 개를 준다. 부탁만 보라! 예수는 말했다. '두드려라, 열릴 것이다. 구하라, 받을 것이다.' 기억하라. 그대가 하나를 부탁하면 수백만 개를 받을 것이다."

인간은 인색하다. 인간의 인색함이 실질적인 불행이다. 인색한 인간은 삶을 신뢰할 수 없다. 그래서 삶은 그들에게 삶의 보물을 안겨주지 않는다.

이쉬와르는 신의 이름 중 하나다. 신에게서 온 것은 무엇이든 아이쉬와라라고 불린다. 신은 후하게 준다. 덕분에 모두와 공유할 수 있다. 우리가 더 많이 공유할수록, 우리는 자연에 더 가까워지며 더 큰 경건함을 느끼게 된다.

창조는 삶을 사랑하는 길

 사랑은 창조의 무한한 원천이다. 오쇼는 이와 관련해 수피교의 아름다운 이야기를 전한다. 어느 위대한 황제가 있었는데, 그는 매일 아침 일찍 일어나 도시를 산책했다. 산책은 황제에게 즐거운 운동이었다. 게다가 도시가 얼마나 발전했고 아름다워졌는지를 볼 수 있는 좋은 기회였다.

 황제는 자신의 수도를 지구상에서 가장 아름다운 곳으로 만들고 싶었다. 어느날 우연히 한 노인이 목격되었다. 그 노인은 나이가 120세 정도 되어 보였다. 노인은 언제나 뜰에서 씨를 뿌리고 나무에 물을 주며 열심히 일했다. 그 나무들이 다 자라려면 수백 년은 족히 걸릴 것 같았고, 앞으로 4,000년간은 생명을 이어나갈 것처럼 보였다. 황제는 의아했다. '저 노

인은 누구를 위해 씨를 뿌리는 걸까? 열매를 맺고 꽃들이 피어날 때면 그는 이 세상에 없을 텐데.'

　몇일 후, 황제는 더 이상 호기심을 참지 못하고 그 노인에게 물었다. "그대는 누굴 위해 이 씨들을 뿌리는 건가? 이 나무들이 다 자랄 때면 그대는 이 세상에 없을 것 아닌가."

　노인은 웃으며 말했다. "그것이 우리 조상의 지혜가 아니었다면 저는 과일과 꽃과 이 아름다운 뜰을 얻지 못했을 것입니다. 이 뜰은 몇 대에 걸쳐 내려온 것이다. 아버지와 조상들이 씨를 뿌렸기 때문에 제가 과일을 먹을 수 있었지요. 그렇다면 제 자식들은? 손자들은? 그들이 황제와 같은 생각을 한다면 뜰은 존재하지 않을 것입니다. 사람들은 먼 곳에서 일부러 이 뜰을 보러 오는데, 이곳에 수천 년 된 나무가 있기 때문입니다. 저는 감사하는 마음으로 제가 할 수 있는 일을 하는 것뿐입니다. 제가 씨를 뿌리는 것은 봄에 파릇파릇 돋아나는 잎들이 큰 기쁨을 선사하기 때문입니다. 그 초록 잎들은 내가 얼마나 나이를 먹었는지 잊게 해주지요. 저는 끊임없이 창조하기 때문에 여전히 젊습니다. 죽음은 쓸모없게 된 사람들의 생명을 앗아간답니다. 그래서 제가 이렇게 오래 살고, 또 여전히 젊은 것인지도 모르지요. 제가 존재와 보조를 맞추고 있기 때문에 죽음은 제게 자비롭답니다."

오쇼는 삶을 살기 위한 유일한 방법은 더 많은 삶을 창조하는 것이라고 결론 내린다. "그대가 이 지구를 조금 더 낫게 만들 때까지 지구를 떠나지 말라. 이것이 내가 아는 유일한 종교다. 나는 그대에게 창조의 종교를 가르친다. 더 많은 삶을 창조함으로써 그대는 변화하리라. 삶을 창조할 수 있는 사람은 이미 신의 일부, 경건함의 일부가 되었기 때문이다."

생명과 사랑을 나누는 것이 종교다

예수는 말한다. "신은 사랑이다." 오쇼는 말한다. "사랑은 신이다."

사랑은 가장 본질적인 감정이므로 삶에서 매우 중요한 부분을 차지한다. 사랑은 존재의 핵심이다. 사랑을 하지 않고 종교적인 사람이 될 수 있으리라고는 상상하기 어렵다. 사랑이 종교와 관계가 없다고 생각하는 사람은 생명의 마음, 생명의 영혼과 조화를 이루지 못하는 사람이다.

사랑은 보편적일 때 궁극적인 기쁨이 된다. 사랑은 집착과 소유욕을 보이기 시작하면 속박과 불행이 된다. 그러한 차원에서 사랑은 경건함과 하나다.

오쇼는 예수의 말을 언급하며 이렇게 말한다. "신은 창조다." 나는 또한 이렇게 말하고 싶다. 신은 존재 그 자체라고. 신은 생명이다. 신은 사랑이다. 신은 바로 이 세상이다. 분열하거나 분리하지 말라. 그래야 그대는 생명을 숭배할 수 있다. 그대가 어디에서든 생명을 볼 때마다, 파릇파릇 돋아나는 잎, 꽃이 피는 나무, 움직이는 별, 흐르는 강, 웃는 아이 등을 볼 때마다 신이 가까이에 있음을 명심하라.

아이가 웃을 때 웃음을 보라. 웃음 안으로 들어가라. 그대는 사원 안으로 들어간 것이다. 강이 흐를 때 사랑하는 마음으로 지켜보라. 강의 흐름과 하나가 되어라. 강을 깊이 숭배하라. 힌두인들에게 모든 강은 여신이며, 모든 언덕은 신이다.

그들은 지구를 신성하게 만들었다. 이는 인간이 의식적으로 행한 가장 아름다운 일들 중 하나다. 힌두 사람들은 갠지스 강을 '어머니'라고 부른다. 이는 생명에 대한 숭배다. 그들은 언덕을 '신'이라고 부른다. 이는 생명에 대한 숭배다. 그들은 나무를 숭배한다. 스스로 지적이라고 자부하는 사람들은 힌두인들이 어리석고 미신적이라고 생각할지 모르지만, 실제로는 그렇지 않다. 나무는 단순히 '생물'이 아니다. 나무 혹은 강을 숭배할 때, 그들은 생명을 숭배하는 것이다.

나무는 그 어떤 사원보다, 그 어떤 교회보다 활기차다. 강은 그 어떤 회교 사원보다 활기차다. 사원 안의 석상은 죽어 있다. 반면 나무는 살아 있다.

그대는 미신적일지도 모르지만 나무를 숭배하는 사람은 그렇지 않다. 그는 자신이 무엇을 하는지 인식하지 못할지도 모르지만 모든 형태의 생명에 대한 깊은 숭배가 그의 행동 안에 있다. 그것은 깊은 사랑이다.

진정으로 종교적인 사람은 생명을 사랑한다. 이는 더 숭고한 종류의 사랑이다. 생명과 사랑하는 것이 종교다.

신의 발치에 감정의 꽃들을 바쳐라

벵골의 바울[1] 신비가들은 늘 지구에 대한 숭배로 가득한 사랑의 노래를 부른다. 그들은 지구상의 생명을 깊이 사랑하며, 하늘에 있다는 상상의 천국을 약속하지 않는다. 그들은 가슴으로 진짜 노래를 부르는 진짜 인간이다.

한 바울 신비가는 이러한 시를 노래한다.

그대가 지구에 머무는 동안
지구에 헌신하라.
그대가 도달하기 어려운 사람에

---

[1] 바울Baul: 주로 벵골 지역에서 유랑하는 음유 시인. 그들은 신을 사랑하고 신을 찬양하는 것을 생의 최고의 목적으로 삼는다.

도달하고자 한다면.

'도달하기 어려운 사람'은 우리 안에 있는 신, 곧 본질적인 사람을 의미한다. 벵골어로 '아다르 마누쉬'다. 히말라야나 천국의 어디에 가든 도달하기 어려운 사람에는 도달할 수 없다. 다만 우리 내면, 내면의 가장 깊은 곳에 이를 때 비로소 도달할 수 있다. 우리가 명상하는 동안 그 존재는 발견된다. 명상은 심각하고 엄격할 필요가 없다. 이 명상은 한마디로 말해 지구와 모든 존재에 대해 감사하는 마음이다. 이 존재의 모든 요소들이 우리를 창조해왔다. 우리는 어떤 식으로든 이 존재와 분리될 수 없기 때문에 이기적인 존재가 되어서는 안 된다. 우리는 이 존재의 유기적인 발현체. 이 존재와 하나임을 느끼기 위해 우리는 머리 위에 떠 있는 구름 위에서 심장으로 내려와야 한다. 마음이 느끼는 감정에 따라야 한다.

바울 신비가들은 노래한다.

감정의 꽃들을 신의 발치에 바쳐라.
눈에 눈물이 가득 고인 채 기도하라.

오쇼는 이 신비가들의 세계관을 예찬하며 말한다. "그들이 진짜 인간이다. 그들은 '감정의 꽃들'이라고 말한다. 평범한 꽃들이 아니다. 그대는 나무에서 꽃을 꺾어 신전에 있는 신에게 바칠 수 있다. 그러나 그 신은 관념적이다. 그 꽃은 빌려온 꽃이다."

사실, 그 꽃들은 나무에 있는 신과 더 조화를 이루었다. 그대는 그 꽃들을 신에게 더 가까이 이르게 하지 못했다. 그 꽃들을 죽였을 뿐이다. 바울 신비가들은 말한다. "감정의 꽃들을 신의 발치에 바쳐라." 그 꽃들은 그대의 사랑, 자비, 이해를 의미한다.

오쇼가 구도자들에게 쓴 편지들을 엮은 유명한 저서인 『한 잔의 차 A Cup of Tea』에서 오쇼는 말한다. "모든 기도와 숭배의 비밀은 눈에서 흐르는 눈물 속에 숨어 있다. 그 눈물은 신성하다. 신은 사랑의 눈물을 흘리는 자들의 마음을 가득 채운다. 증오의 가시로 마음이 채워진 자들은 얼마나 불행한가? 사랑으로 흐르는 눈물은 신의 발치에 놓인 꽃이라는 제물이다. 눈물이 흘러나온 눈은 신성한 시력으로 축복 받는다. 오직 사랑으로 가득한 눈만이 신을 볼 수 있다. 사랑은 자연의 관성을 초월하는 유일한 에너지며, 궁극적인 의식의 바다로 그대를 데려간다."

수학과 마음

그대는 사랑의 모든 빛깔, 사랑의 무지개 속에서 살 수 있다. 그러나 이것이 어떤 현상인지를 이해하기는 쉽지 않다.

오쇼는 『소나무 숲에서 흐르는 옛 음악*The Ancient Music in the Pines*』에서 이 점을 설명한다. 사랑은 비논리적이다. 사랑은 비이성적이다. 사랑은 생명이다. 사랑은 사랑 안에 있는 모든 모순을 이해한다. 사랑은 그 반대인 미움까지도 이해할 수 있다.

그대는 사랑하는 사람을 계속 미워한다. 그러나 사랑이 더 크다. 사실 진정으로 사랑한다면 미움은 혼란이 아니다. 오히려 미움은 그 사랑에 색과 향을 더한다. 미움은 사랑을 더 다채롭게 만든다. 마치 무지개처럼.

미움은 사랑하는 마음의 반대편에 있지 않다. 그는 미워하면서도 계속 사랑할 수 있다. 사랑은 매우 위대하기 때문에 미움조차 발언권을 가지도록 허용한다. 연인들은 친밀한 적들이 되어 서로 싸운다.

 실제로 전문가들은 연인이 싸우는 걸 멈출 때 사랑 또한 멈춘다고 말한다. 서로가 서로에게 무관심해질 때 사랑은 식는다. 그대가 아내, 남편, 친구와 여전히 싸운다면 그대의 삶은 사랑 속에 있다. 사랑은 여전히 활기가 넘친다. 여전히 뜨겁다. 그렇지 않으면 그대는 냉담, 무관심 속에 머물게 된다.

 사랑은 야생의 생물과 같다. 예수는 이렇게 말한다. "신이 사랑이다." 예수가 의미하는 바는, 그대가 사랑한다면 그대는 신의 특징들인 많은 것을, 서로 모순되는 정반대의 것들마저 포괄하는 많은 것을 알게 되리라는 점이다.

 악마 또한 자신의 발언권을 가지도록 허용된다. 적 또한 친구다. 죽음은 삶을 거스르지 않는다. 오히려 삶의 일부며, 삶 또한 죽음의 일부다.

 전체는 – 모든 정반대들보다 크지만, 정반대들의 합보다는 크지 않다. – 합한것보다 큰 것이다. 이것이 마음의 숭고한 수학적 계산이다.

 물론 사랑하는 사람이 미친 것처럼 보일지 모른다. 그대 눈에 그는 미친 사람처럼 보일 것이다. 그대는 머리로 행동하지만 그는 마음으로 행동하기 때문이다. 서로의 언어가 완전히 다르다.

예수는 십자가에 못 박혔다. 적들은 예수가 자신들을 치유해주기를 기다리면서도 예수에 두려움을 느꼈다. 추종자들은 예수가 기적을 행해서 적들이 모두 죽기를 바랐다.

그런데 예수는 무엇을 했는가? 그는 미친 사람처럼 행동했다. 예수는 신에게 이자들을 모두 용서해달라고 기도했다. 그들은 자기들이 무엇을 하는지 몰랐기 때문이다.

이것이 사랑의 광기다. 박해자들에게 죽임을 당하면서도 자기들이 무슨 짓을 하는지 모르는 그들을 위해 신에게 용서를 비는 자의 모습은 누구도 예상치 못한 것이다. 그들은 완전히 무의식 상태에 있었다. 몽유병자들이었다.

그들이 무슨 짓을 하든 그들에게는 책임이 없다. 잠자는 자에게 어떻게 책임을 물을 수 있겠는가? 그들의 의식은 잠자고 있었다. 그리하여 그들은 용서 받았다. 이것이 그날 이루어졌던 기적이다. 그러나 아무도 그 기적을 볼 수 없었다. 그들의 눈에는 예수의 행동은 미친 짓으로밖에 보이지 않았다.

사랑의 언어는 머리로 이해하기에는 매우 낯설다. 머리와 가슴은 현실에서 서로 가장 상반되는 양극단이다.

머리와 가슴, 이성과 사랑, 논리와 삶만큼 양극단의 거리가 심하게 먼 경우도 없다. 어떤 사람이 사랑 때문에 미쳐 있다면 그 광기는 병이 아니다.

 실은 유일하게 건강하며 경건한 사람이다. 그는 자신의 마음으로 자신과 삶에 다리를 놓았기 때문이다.

조건 없는 사랑이 그대와 모두에게 기쁨을 준다

우리 모두는 우리가 사랑 받을 수 있는 존재고, 그만큼 사랑스러운 존재라고 믿을 필요가 있다. 우리는 이 세상에 태어난 순간 어머니의 헌신적인 사랑을 듬뿍 받으며 안전하게 삶을 시작한다. 그때 사랑은 문제가 되지 않았다. 그러나 시간이 흐르면서 우리는 점점 더 사랑을 확신하지 못한다……

『사랑에 이르는 길 *The Path to Love*』에서 저자 디팩 초프라는 관계에 영성을 다시 불어넣음으로써 더 깊이 있고 의미 있는 세상을 발견할 수 있다고 말한다. "그대는 한평생 사랑하고 사랑 받는 존재로 살기 위해 창조되었다."

문제는 우리가 사랑을 당연시하기 시작할 때, 그리고 어떤 생명에 강한 소유욕을 보이기 시작할 때 생긴다. 우리는 자녀,

배우자, 친구 등 우리가 사랑하는 사람에게 자유와 공간을 허용하지 않는다. 우리는 무의식중에 우리의 사랑을 죽이기 시작한다. 우리가 사랑하는 사람의 자유를 제한할 때 집착과 속박이 생겨난다.

오쇼는 말한다. "자유는 사랑보다 더 숭고한 가치를 지닌다." 사랑이 상대의 공간을 서서히 침입할 때 사랑은 상대를 질식하게 할 뿐 아니라 사랑 또한 질식하고 만다. 사랑은 자유의 공간에서, 통풍이 잘되는 공간에서 꽃핀다. 진정한 사랑의 본질을 깨달을 때 더 이상 사랑에 '빠지지' 않고 사랑으로 '날아오르게' 된다.

이 시점에서 사랑은 조건 없는 사랑이 된다. 우리의 사랑을 주고, 그 사랑을 받는 모두에게 감사함을 느낀다. 이런 식의 조건 없는 사랑일 때 마음은 한결 편안해지기 때문이다.

오쇼는 말하기를, 수중기로 가득한 구름은 빗물을 쏟아내야 한다. 구름은 그렇게 할 필요가 있다. 이와 마찬가지로 우리는 사랑으로 가득할 때 사랑을 모두에게 나눠줄 필요가 있다. 그러나 그 대가로 사랑의 응답을 바라지 않는다. 주는 즐거움만을 누린다.

조건적인 사랑은 집착이다. 그것은 속박이며 망상이기도 하다. 우리는 자유로워지고 싶다고 말하지만 혼자가 되는 걸 감당하지 못한다. 우리는 홀로 있음을 두려워한다. 우리는 흥미를 느끼지 못하고 사는 것을 두려워한다. 우리는 사랑을 원하지만 어쩌면 애착을 원하는지도 모른다. 우리는 처음부터 내내 애착의 대상을 찾고 있었는지도 모른다. 사랑은 집착이라는 미끼를 물기 위한 수단이었다.

무조건적인 사랑은 집착하지 않는 사랑이다. 그러나 그대가 상대에게 "나만 사랑해"라고 말하는 순간, 상대를 소유하기 시작한다. 소유할 때 그대는 사랑하는 사람을 하나의 물건으로 취급하게 된다.

임마누엘 칸트는 상대를 하나의 수단으로 취급하는 것이야말로 부도덕한 행동이라고 말했다. 다시 말해, 그대가 연인을 만족을 얻기 위한, 혹은 성욕을 달성하기 위한 수단으로 여기거나 무엇인가를 제공해주는 대상으로 여길 때 그대의 연인은 그대 때문에 하나의 물건으로 전락하게 된다.

그대는 속박당할 때 필연적으로 자유를 갈망할 것이다. 그대는 그대가 가진 것을 지루해하며 그대에게 없는 무언가를 열망할 것이다. 혹은 그대의 연인을 '소유'하는 동안에도 자신은 자유를 만끽하려고 할 것이다. 그리하여 둘 사이에 갈등이 생긴다.

오쇼는 말한다. "나는 자유롭고 싶지만 너를 소유하길 원한다. 너는 자유를 계속 누리고 싶어 하면서 여전히 나를 소유한다. 이것이 갈등이다……. 우리는 개인이어야 한다. 저마다 독립적이고 자유로운 의식이 있는 존재다. 우리는 서로 함께 있을 수 있고 서로에게 동화될 수 있지만, 아무도 우리를 소유할 수 없다. 바로 그때 속박이 사라지고 집착도 사라진다."

사랑은 신선한 공기를 호흡할 때, 소유욕과 질투에서 해방될 때, 그때 비로소 은총이 되고 진정한 축복이 된다. 어떤 판단도, 비난도, 기대도, 통제하려는 시도도 없어야 한다.

영혼은 오로지 자유 속에서 성장할 수 있으며, 무조건적인 사랑이 자유를 준다. 오쇼는 말한다. "내가 전하는 메시지는 생물학과 신학 너머에 있다……. 사랑은 가능한 한 많은 사람들과 그대의 의식을 나누는 것이다. 사람들뿐만 아니라 동물, 나무, 새, 구름, 별들과도 함께 나누는 것이다."

자비가 진정한 치료 요법이다

 어머니와 자녀 사이에, 혹은 어떤 관계에서 흐르는 무조건적인 사랑은 모든 상처를 낫게 하는 가장 위대한 치료법이다. 그러한 사랑이 자비의 향기가 된다.

 사랑이라는 현상에서 열정은 상대를 불태울 수 있는 불처럼 작용한다. 자비는 상대의 삶을 밝게 비추는 불꽃처럼 작용한다. 사랑의 모든 여행은 열정과 자비 사이에 있다. 열정은 몇몇 관계에서만 흐르는 매우 제한된 현상이며 매우 빠르게 사그라진다. 반면, 자비는 한계를 모른다. 마치 산들바람처럼.

 보리달마가 중국에 갔을 때였다. 한 남자가 달마에게 와서 말했다. "대사님의 가르침에 따라 저는 명상을 하며 온 우주에 대해 자비를 느낍니다. 인간뿐 아니라 동물과 바위와 강에 대해서도요. 그러나 한 가지 문제가 있습니다. 저는 제 이웃에게 어떤 자비도 느낄 수 없습니다. 어떻게 하면 저의 자비심에서 제 이웃을 제외할 수 있습니까? 저는 알려져 있거나 알려져 있지 않은 모든 존재에게 자비를 느끼지만 제 이웃만은 제외하고 싶습니다. 그 일은 매우 어렵고 불가능하게 느껴지기 때문에 그 방법을 알고 싶습니다. 저는 그자에게 자비를 느낄 수 없습니다."

보리달마는 이렇게 말했다고 전해진다. "그렇다면 명상을 잊어라. 그대의 자비심에서 누군가를 제외한다면 그것은 진정한 자비가 아니다."

오쇼는 설명한다. "자비는 본질적으로 모든 것을 포괄한다. 그대가 이웃에게 자비를 느낄 수 없다면 명상을 아예 잊어라. 문제는 특정한 누구 때문이 아니라 그대의 내적 상태에 있기 때문이다. 자비로워지라. 조건 없이, 목적 없이, 차별 없이. 그리하여 그대는 이 불행한 세상을 치유하는 능력을 얻게 되리라."

명상은 열정을 순수하게 만들어 자비로 바꾸는 마법의 연금술이다. 명상적인 사람과 접촉하는 것은 건강에 도움이 된다. 오쇼는 말한다. "자비는 언제나 치유력이 있다. 그대의 상태가 어떠하든 그대에게 도움을 준다. 자비는 정화된 사랑이다.

그 사랑은 단순히 주는 즐거움을 누리며, 그 대가로 상대에게 무엇을 바라지 않는다."

붓다는 제자들에게 자주 이렇게 말했다. "매번 명상한 후 곧 자비를 베풀라. 명상할 때 사랑이 커지고 마음이 풍요로워지기 때문이다. 매번 명상한 후 온 세상을 위해 자비를 느껴라. 그리하여 그대는 사랑을 나누고 사랑의 에너지를 대기에 분출해 다른 사람들과 공유할 수 있다."

붓다는 또 이렇게 덧붙였다. "또한 매번 명상한 후 그대가 축복 속에 있을 때 자비를 베풀라고 말하고 싶다. 다만 느껴라. 그대의 에너지가 분출해서 어떤 식으로든 사람들을 도우리라는 걸. 그대는 다만 그대의 에너지를 분출하라!"

CHAPTER 06

명상

가능한 한 자주 장미꽃에 대해 명상하라. 장미꽃이 보일 때마다 그 옆에 앉아 장미꽃과 대화를 나누라. 우선 그 꽃을 본 다음 눈을 감고 마음속으로 그 꽃을 보라. 장미꽃처럼 활짝 열리는 마음을 상상하라. 이 명상은 그대에게 위대한 경험을 제공할 것이다. 그대는 그 명상과 함께 열리리라. 마음이 열리는 걸 느낄 때 큰 즐거움이 있으리라. ─오쇼

명상이 열쇠다

 아브둘라는 말한다. "나는 매일 아침 일어나면 제일 먼저 이렇게 다짐한다. '네가 원하는 것은 무엇인가? 불행? 행복? 오늘 너는 무엇을 선택할 것인가?' 나는 늘 행복을 선택한다. 그것이 나의 선택이고, 나의 삶이다."

 우리 삶은 자신의 선택에서 비롯된다. 그러나 우리의 탄생은 자신의 선택 밖이었다. 그것은 부모의 결정이었다. 그들은 우리와 의논 한마디 없이, 우리의 승낙을 구하지 않고 우리를 이 세상에 태어나게 했다.

 어떻게 이 일이 일어나는가? 어떻게 우리가 불행을 물리치고 평화와 행복을 선택할 수 있는가?

 그에 대한 대답은 우리가 우리 자신의 주인이 되는 것이다.

인도에서 산야신은 스와미(힌두교의 학자, 성자에 대한 존칭)로 불린다. 그 까닭은 무엇인가? 그들은 다른 누구 혹은 사회가 그들의 삶을 결정하도록 허락하지 않기 때문이다. 스와미는 자신이 정한 규칙에 따라 결정하고 삶을 산다. 그는 완전한 자유 속에서 움직이고, 자신의 삶에 대해 스스로 책임을 진다. 그러한 삶에는 감수해야 할 위험이 따른다. 사람들은 그를 존중하지 않을지도 모르고, 그를 반사회주의자라고 여길지도 모른다. 그러나 진정한 스와미에게는 문제가 되지 않는다. 스와미는 사회의 속박에서 해방되어 더없는 기쁨과 만족을 누리기 때문에 사회가 부여한 체면과 위선을 과감히 떨쳐버릴 수 있다. 이것이 진정한 단념이다.

  산야신은 세상으로부터 도망치거나 사회와 단절된 삶을 살지 않지만, 전적으로 사회에 의존하지는 않으며 사회가 주는 달콤한 유혹을 뿌리칠 줄 안다. 그것들은 후에 금으로 된 족쇄가 되어 자신을 구속하리라는 걸 알기 때문이다. 산야신은 날개 달린 새, 자유와 지혜의 두 날개로 하늘을 나는 새와 같다. 자비심과 깨어 있는 의식으로 충만한 산야신은 사회를 위해 자신이 할 수 있는 일을 하지만, 다른 사람의 기대에 부합하고 존경을 얻고 자신의 자아를 만족시키려고 애쓰지 않는다.

자아는 한 개인의 의식을 구속하는 가장 큰 속박이다. 자아는 그 개인을 속박하기 위한 무의식적인 마음의 덫이다. 의식적인 사람은 늘 자유를 선택하고 달성하기 때문에 불행에서 벗어나 있다. 명상은 인간을 불행하게 만드는 사슬을 푸는 열쇠다.

오쇼는 말한다. "명상은 그대에게 두 가지를 준다. 하나는 지혜고, 다른 하나는 자유다. 이 두 가지 꽃이 명상에서 피어난다. 그대의 내면이 완전히 고요해질 때, 생각이 완전히 사라질 때, 두 꽃은 그대 안에서 피어난다. 하나는 지혜의 꽃이다. 그대는 무엇이 옳고 그른지를 안다. 다른 하나는 자유의 꽃이다. 이제 그 어느 것도, 시간뿐 아니라 공간도 더이상 그대를 제약하지 못한다. 그대는 해방되었다. 명상은 해방, 자유, 지혜에 이르는 길이다."

새 천년이 시작되기 전, 곧 비폭력, 평화, 번영의 새 시대가 열릴 것이라는 기대가 충만했다. 사람들은 그러한 기대감을 잔뜩 품었다. 그들은 새 천년의 도래를 축복하며 지난 과거를 모조리 기억에서 지워버리고자 했다. 그러나 그들의 기대는 어긋났다. 과거는 빅뱅이라는 대폭발과 함께 다시 돌아와 그에 대한 앙갚음으로 테러와 폭력의 고삐를 풀었다. 암울한 절망과 함께 세계 전쟁이 다시 활개칠 것이라는 우울한 전망이 새 천년에 짙게 드리워졌다.

다시 노스트라다무스를 비롯한 예언가들의 묵시록적 예언들이 성행하기 시작했고, 죽음이 우리 눈앞에서 '탄다브[1]'를 추기 시작한다. 우리는 멀리 가지 않더라도 문 앞 계단에서, 우리 주위에서 폭력을 목격한다. 우리는 폭력에 둘러싸여 있고, 폭력에 몸을 담갔다. 우리는 밤마다 폭력과 잠을 자며, 폭력의 악몽을 꿈꾼다. 폭력은 우리의 아침, 점심, 저녁 식사가 되었다. 우리는 폭력을 입는다. 이제 폭력을 호흡한다. 폭력을 들이쉬고 내쉰다. 폭력은 인간 삶의 비인간적인 일면이 되었다. 폭력은 우리의 무의식 안으로 깊숙이 들어와 무의식과 하나가 되었다. 폭력으로부터 도망칠 수도 없다. 우리가 곧 폭력이므로. 우리의 과거는 우리의 현재가 되었다. 과거의 수천 년이 새 천년이 되었다. 과거의 동물은 인간으로 진화하지 못했다. 인간의 탈을 쓰고 인간인 척 행동할 뿐이다.

현대의 통찰력 있는 현자인 크리슈나무르티는 나아가 이렇게 말했다. "폭력은 다양한 형태를 띤다. 서로 때리는 야만적인 행동만이 폭력이 아니다. 시늉, 순응, 복종도 폭력에 포함된다. 말이나 행동을 거짓으로 꾸밀 때도 폭력은 존재한다. 공격은 다양한 형태를 띤다. 부드러운 새끼염소 가죽 장갑을

---

[1] 탄다브Tandav: 시바신이 추는 우주의 춤.

끼고 애정을 드러내며 원하는 대로 상대를 설득하고 특정한 방식으로 생각하도록 강요하는 것은 예의 바르고 점잖은 공격이다. 그것 또한 폭력이다. 비폭력은 사실이 아니다. 그것은 현실이 아니다. 단지 생각의 투영이다. 폭력으로부터 도피하기 위해, 아니면 폭력에 순응하기 위해, 비폭력이 되어가는 척하기 위해 말이다. 그렇다면 우리는 이 모든 것에서 벗어난 폭력을, 도피, 이상, 억압에서 벗어난 폭력을 볼 수 있는가? 폭력이 무엇인지 실제로 관찰할 수 있는가? 그대의 사고가 권력 때문에 불구가 될 때 자유로워지기는 매우 어려우며, 그리하여 폭력을 있는 그대로 볼 수 없다."

야만적이고 폭력적인 과거에서 완전히 벗어나기 위해서는 우리의 무의식을 깊이 정화해야 한다. 명상은 그러한 변화를 가능하게 한다. 오쇼는 말한다. "세계 전쟁을 막을 수 있는 유일한 방법은 그대가 완전히 새로운 의식에 눈뜨고 새로운 인간다움을 갖추는 것이다……. 사랑을 할 수 있고 명상을 할 수 있는 사람이 되는 것이다. 사랑과 명상을 널리 퍼트려라."

명상이 가능한 한 많은 사람들에게 퍼지도록 하라.

신의 이미지

어떤 사람들은 신이 자신의 이미지대로 인간을 창조했다고 믿는다. 그러나 그 믿음은 매우 의심스럽다. 그 동안 많은 사람들의 삶과 믿음을 목격하며 깨달은 바는, 인간이 자신의 이미지대로 신을 창조했다는 것이다. 세상에는 많은 인간이 있는 만큼 많은 신이 있다. 모든 인간은 자신의 신을 창조하고 믿고 숭배한다. 특히 종교의 성직자들이 그러하다. 그들은 속기 쉬운 신도들을 위해 신들의 갖가지 이미지를 창조하느라 매우 분주하다.

신성한 경전들에는 신의 노여움에 관한 흥미로운 이야기들이 실려 있다. 예수는 사랑을 가르치지만, 우리는 성서에서 신의 노여움에 관한 이야기를 많이 발견할 수 있다. 에덴동산에서 추방당한 아담과 하와의 이야기가 첫 번째 예다. 창세기에는 사람들이 모여 하늘에 닿는 탑을 쌓기 시작했다가 신의 노여움을 산 이야기가 있다. 그리하여 탑은 무너지고 사람들은 뿔뿔이 흩어졌다. 또 다른 예는 출애굽기에서 볼 수 있다. 사람들은 모세가 십계명을 가지고 산에서 내려오기를 기다리다 지친 나머지 금으로 송아지를 만들어 섬겼고, 그 결과 신의 노여움을 샀다.

다른 종교들이 믿는 신들도 경전을 통해 불친절한 면모를 드러낸다. "나는 그대의 삼촌이 아니다. 나는 다정하지 않다. 나는 질투심이 있다. 나는 화를 낸다." 그렇기 때문에 이 신은 자신의 진정한 본성을 이해하지 못하는 사람들을 파괴할 것이다.

참으로 이상한 일이다! 삼촌은 대개 다정하고 정이 많은 사람인데, 신은 그렇지 않다니.

이러한 이야기들은 기본적으로 성직자들이나 그들의 신도들이 창조한 신의 특정한 이미지가 투영된 것이다. 붓다는 이 모든 것을 거부했다. 거기에 이성과 합리성이 배제되어 있기 때문이다. 검증되지 않은 믿음들은 끝없는 논쟁과 갈등, 죽음, 파괴를 야기한다. 오늘날 우리가 수없이 목격하는 것처럼. 붓다는 말한다. "스승이나 성직자의 단순한 권한에 기인한 것들은 무엇이든 믿지 말라. 철저한 검증을 거친 후 오직 그대 자신의 이성과 경험과 조화를 이루는 것만을 진실한 것으로, 그대 삶의 길잡이로 받아들이라. 오직 그대 자신과 다른 이들의 행복에 기여하는 것만을 받아들이라."

붓다의 행적과 가르침은 오쇼가 붓다를 존경하도록 만든다. 오쇼는 말했다. "붓다는 비록 신이 아니지만, 훨씬 더 숭고한 듯 보인다. 붓다는 인간일 뿐이다. 그러나 붓다는 노여워하지 않기 때문에 훨씬 더 숭고한 듯 보인다. 붓다는 질투하지 않기 때문에 훨씬 더 숭고한 듯 보인다. 붓다는 다정하다. 물론 여느 삼촌보다도 훨씬 더 다정하다."

우리가 세상의 평화를 원한다면 완전히 새롭게 접근할 필요가 있다. 그것은 믿음이 아닌 명상이다. 신에 대한 모든 이데올로기에 종언을 고하고, 실험과 경험을 바탕으로 한 명상을 실천해야 한다. 명상은 어떠한 믿음과도 무관하고 믿음을 둘러싼 어떠한 갈등과도 무관한 '과학적 종교성'의 한 방식이다. 명상을 통해 스스로 진리를 찾고 그 진리를 다른 이들과 공유하며 나아가 다른 이들이 스스로 진리를 찾도록 영감을 줌으로써 그대는 더없는 기쁨을 만끽하리라. 명상은 붓다와 같이 깨달음을 얻은 현자들이 실천한 방식이다. 그들은 기독교의 십자군이나 이슬람교의 지하드처럼 자신들의 신앙을 전파하고 방어하기 위해 다른 이들과 투쟁하는 집단을 믿지도 않을 뿐더러 이끌지도 않는다. 그들은 스스로 깨달음의 본보기가 되었다. 그들의 깨달음은 자비의 방식과 모든 생명에 대한 경의를 보여준다. 분노와 복수는 그들의 종교성에 함부로 끼어들지 못했다.

자연과 조화를 이루는 삶

그대는 성 프란체스코[2]가 나무와 대화를 나누었다는 이야기를 들은 적이 있을 것이다. 그는 아몬드 나무에게 이렇게 말했다. "누이여, 내게 신의 노래를 불러다오!" 그는 강으로 가서 강과 대화를 나누고, 물속에서 헤엄치는 물고기들과도 대화를 나누었다. 이 세상 어느 존재도 그에게 낯설지 않았다. 나무, 물고기, 강은 우리의 언어를 이해하지 못하지만 성 프란체스코가 하는 말은 모두 이해했다. 사랑의 언어라면 생명이 없는 물체들도 침묵 속에서 이해할 수 있다. 나아가 사랑

---

2 성 프란체스코 Francesco d'Assisi(1182 ~ 1226): 가톨릭 성인. 프란체스코회 창립자. 아시시의 부유한 상인 집안에서 태어났다. 20세에 회심하여 모든 재산을 버리고 평생을 청빈하게 살며 이웃 사랑에 헌신했다. 1224년에 성흔을 받은 것으로 유명하다. 《태양의 찬가》 같은 뛰어난 시도 남겼다.

의 접촉은 물체에 생명을 부여한다.

 인간은 주변 사람들과 좋은 관계를 맺고 대화 나누는 법을 점점 잊어가고 있다. 그런데 어떻게 나무와 돌과 물고기와 강 등 존재만으로도 빛나는 모든 자연과 대화를 나눌 수 있겠는가? 인간이 생태 환경을 어떻게 인식하고 이해하느냐는 인간이 자연과 대화하는 능력에 달려 있다. 그러나 오랜 세월 동안 인간이 받은 훈련과 교육은 자연을 지배하고 착취하고 파괴하는 법이었다. 자연과 대화하는 법은 교육에 포함되지 않았다.

 이 점에서 명상은 중요한 역할을 한다. 첫 번째 단계로, 명상은 인간이 자기 자신 그리고 자신의 내적 본성과 관계 맺는 법을 배울 수 있는 공간을 창조한다. 명심하라. 나는 내적 본성과 관계 맺는 법에 대해 말하는 것이다. 정복하고 통제하는 법을 말하는 것이 아니다. 관계는 친근함 속에서만 싹튼다.

 다음은 외부의 자연, 즉 나무, 산, 강, 우주 전체와 관계를 맺는 단계다. 외적 환경은 인간의 내적 환경에 좌우된다. 그대가 사랑과 감수성이 풍부하다면, 그대의 사랑과 감수성은 나무, 동물, 새, 주변 사람들, 나아가 온 지구에 퍼지리라. 그대의 내면이 얼마나 풍요로운가에 따라 그대가 외부 세계와 맺는 관계의 질이 달라진다.

명상은 인간의 내적 환경을 본질적으로 바꾸고, 인간이 자기 자신과 조화를 이루도록 한다. 그리하여 인간의 내적 환경은 균형을 되찾는다. 우리가 자기 자신과 친밀한 관계에 있을 때 다른 사람들과도 풍부한 감수성과 자비로 충만한 관계를 맺을 수 있다. 곧 우리의 모든 관계 속에서 자연스러운 경의가 흐른다.

  오쇼는 칼릴 지브란의 『예언자』에 대해 언급하며 이렇게 말한다. "종교는 생명에 대한 경의라고 나는 말하리라. 생명에 대한 경의가 없다면 나무, 새, 동물을 포함한 모든 존재를 '같은 에너지의 다른 표현'으로 이해할 수 없다. 그러한 맥락에서 우리는 동물, 새, 나무와 형제자매지간이다. 그대가 이러한 형제애와 자매애를 느낀다면, 종교성이 무엇인지 처음으로 맛보게 될 것이다."

  먼저 내적 환경을 보살피는 것이 순서다. 그리하여 내부의 긍정 에너지가 밖으로 흘러나와 외적 환경에 영향을 미친다. 외부의 생태 환경이 파괴되고 있는 까닭은 인간의 내적 본성이 파괴되어왔기 때문이다. 이것이 바로 원인과 결과다.

  오쇼는 말한다. "한 사람의 내면이 완전하게 조화를 이루지 못할 때, 성난 군중처럼 서로 대립하고 분열할 때, 그는 자연에도 혼란을 일으킨다. 이렇게 내적 환경과 외적 환경은 서로 관련되어 있다. 자연이 파괴될 때 자연계가 파괴되고, 결국 인간은 그 결과에 맞닥뜨려야 한다. 자연은 다시 인간에게 영향을 미치고, 인간 또한 자연에 영향을 미친다. 이렇게 악순환이 거듭된다. 그러나 내가 보기에 기본적인 문제는 인간의 내면에 있다. 그대가 내적으로 편안하다면, 자신의 본성과 조화를 이룬다면, 세상의 순리를 이해할 수 있으리라. 그리하여 어떤 문제도 일으키지 않으리라. 어떤 분리도 만들지 않으리라. 모든 것이 서로 연결되어 있음을 알게 되리라."

여기서 나는 성 프란체스코를 떠올린다. 성 프란체스코와 같이 깨달음을 얻은 영혼들 덕분에 우리는 자연과 조화를 이루고 사랑으로 가득한 삶을 사는 방법들을 알게 되었다. 사랑이야말로 가장 위대한 명상이다.

우리의 마음이 온 우주의 마음과 이어지려면 조화로운 마음을 지닐 필요가 있다. 노래할 수 있는 마음, 춤출 수 있는 마음을. 온 우주와 함께 두근거릴 수 있는 마음을.

내적인 평화

영국 인도 서부의 푸네 또한 내적인 평화를 추구하는 사람들 사이에서는 유명한 곳이다. 이 도시에는 유명한 명상지와 요가 센터들이 있어서 많은 사람들이 평화와 행복을 얻기 위해 이곳으로 모여든다.

푸네에서 한 친구가 내게 편지를 보냈는데, 내적인 평화를 얻을 수 있는 방법을 드디어 찾았다는 내용이었다. "그 방법이 내게 효과적이었기 때문에 네게도 알려주지. 한 잡지에 실린 조언대로 따라 했더니 내적인 평화가 드디어 찾아왔거든. 그 조언은 다음과 같아. '내적인 평화를 얻기 위해서는 그대가 시작했던 모든 것을 끝내야 한다.' 그래서 나는 어제 보드카 한 병과 레드 와인 한 병, 잭 대니얼스[3] 한 병을 모조리 마셨고, 남아 있던 항우울제와 커다란 초콜릿 한 통도 먹어치웠지. 그 결과 내 기분은 한결 나아졌어!"

그녀는 내적인 평화를 얻고 싶어 하는 모든 사람들에게 이 편지를 보낸다고 말했다. 이렇듯 흥분제와 약, 알코올의 도움에 의존하며 사는 생활방식은 늦은 시간에 과음하거나 몸에 해로운 것을 먹지 않고서는 내적인 평화를 얻지 못하는 대다수 사람들에게 효과적일지 모른다. 그것은 그들의 일상이며, 숙면을 취하기 위해서도 필요하다. 그리고 세상의 시름과 인간관계에서 오는 스트레스를 잊는 데도 도움이 된다.

나는 그들을 비판하거나 비난하고 싶지 않다. 그러한 삶이 다른 이들에게 피해가 되지 않는 한, 또한 그들의 내적인 평화가 다른 이들에게 외적인 긴장이 되지 않는 한, 그들은 원하는 대로 살 권리가 있다.

누군가가 오쇼에게 이런 편지를 보냈다. "지난 몇 십 년에 걸쳐 실시된 연구 결과에 따르면, 명상하는 동안 이르게 되는 특정한 의식 상태들이 특정한 패턴의 뇌파를 유도하는 것으로 보인다. 이제 뇌에 전자 및 청각적으로 자극을 주어 이런 의식 상태에 도달될 수 있다고 한다. 그리고 이러한 자극은

---

3 잭 대니얼스: 미국산 최고급 위스키.
4 바이오피드백Biofeedback: 뇌파를 이용해 정신 상태를 안정시키는 기법.

바이오피드백[4]을 통해 일어난다. 전통적인 '명상 상태', 즉 가만히 앉아 있거나 마음이 고요한 가운데 의식을 높이는 이 상태에서 뇌의 좌반구와 우반구에 알파파가 동시에 발생한다. 더 깊은 명상에 이를 때 좌반구와 우반구에서 세타파가 나온다. '맑은 의식'이라고 불리는 상태에서 좌반구와 우반구에 알파파와 세타파가 동시에 나오고, 이와 더불어 일상적인 사고 과정에서 유도되는 베타파가 나온다. '맑은 의식'은 최첨단 장비가 도입된 바이오피드백을 통해 도달할 수 있다고 한다. 과연 이러한 종류의 자극과 바이오피드백이 명상가들에게 유용한 도구가 될까? 이 기술적인 기법들이 기법 너머에 있는 명상에 어떠한 영향을 미칠 수 있을까? 명상이 과학과 접목되는 하나의 예가 될까? 나는 이 새로운 기술들을 명상하는 동안 적용해보고 싶고, 또 내과 의사로서 전문적으로 실험해보고 싶다. 당신의 생각은 어떠한가?"

오쇼는 대답한다. "매우 흥미로운 기술이므로 실험해볼 가치는 있다. 그러나 명심하라. 명상에 이르는 지름길은 없으며, 기계적인 방법은 어떤 도움도 되지 않는다. 사실 명상은 과학적인 기법이나 다른 어떤 기법도 필요하지 않다. 명상은 이해일 뿐이다. 중요한 것은 가만히 앉아서 만트라를 외우는 것이 아니라 그대 내면의 섬세한 작용을 이해하는 것이다. 그대가 내면의 작용을 이해할 때 그대 안에서 완전한 의식이 깨어난다. 이 의식은 그대의 존재 안에서, 그대의 영혼 안에서, 그대의 의식 영역 안에서 깨어난다.

마음은 메카니즘에 지나지 않는다. 의식이 깨어날 때 마음 주위에 특정한 에너지 패턴이 생긴다. 마음은 그 에너지 패턴을 감지한다. 마음은 매우 섬세한 메카니즘이다. 바깥에서 실험을 한다면 기껏해야 마음을 연구할 수 있을 뿐이다. 한 존재의 내면이 차분하고 고요하고 평화로운 상태일 때, 마음에서 특정한 패턴의 파동이 필연적으로 생성되는 현상을 발견할 때, 과학적 사고는 이러한 결론에 도달할 것이다. '우리는 이러한 패턴의 파동을 바이오피드백 통해 생성할 수 있다. 그래서 한 존재의 내면은 과학의 도움을 받아 의식의 절정에 도달할 것이다.' 그러나 그런 일은 일어나지 않을 것이다. 이것은 원인과 결과의 문제가 아니다."

오쇼는 덧붙인다. "그대는 몇 년간 과학적 도구들과 실험을 계속할지 모른다. 그러나 그것들은 그대의 품성을 바꾸지 못할 것이다. 그대의 덕성은 물론 개성도 바꾸지 못할 것이다. 그대는 여전히 예전 그대로일 것이다. 그대를 변하게 하는 것은 명상뿐이다. 명상을 통해 그대는 더 높은 의식 상태에 도달할 수 있고, 생활방식을 근본적으로 바꿀 수 있다. 예전에는 어떤 상황에서 화를 억누르지 못했다면 이제는 같은 상황에서 자비와 사랑을 베푸는, 믿기 어려운 단계에까지 이르게 된다.

명상은 이해를 통해 도달된, 존재의 한 상태다. 명상하는 데는 지성이 필요하다. 기술은 필요 없다. 그대에게 지성을 줄 수 있는 기술은 없다. 그렇지 않다면 우리는 이미 세상의 모든 바보를 천재로 바꾸었을 것이다. 평범한 사람은 모두 알버트 아인슈타인, 버트런드 러셀, 장 폴 사르트르가 되었을 것이다. 날카롭고 통찰력 있는 지성을 위해 그대의 지성을 외부에서 바꿀 방법은 없다. 그것은 이해의 문제일 뿐이다. 아무도 그대를 위해 그것을 대신할 수 없다. 그 어떤 기계도, 그 어떤 사람도 할 수 없는 일이다."

오쇼는 수세기 동안 구루라고 사칭했던 사람들이 인류를 속여왔다고 말한다. 미래에는 구루들 대신 구루 기계들이 인류를 속일 것이다. "명상이 무엇인지 아는 사람은 어떤 기술에도 현혹되지 않는다. 어떤 기술도 내면의 작용을 이해하도록 해주지 못하기 때문이다.

예를 들어, 그대는 분노, 질투, 증오, 욕정을 느낀다. 그대가 분노에서 벗어나도록 도울 수 있는 기법이 있을까? 질투, 증오, 욕정에서 벗어나도록 돕는 기법이 있을까? 그대가 그러한 감정들에 여전히 사로잡혀 있다면 그대의 삶은 예전 그대로 일 수밖에 없을 것이다.

오직 한 가지 방법이 있다. 두 번째 방법은 지금껏 없었다. 분노하는 것이 어리석은 것임을 이해하기 위한 한 가지 방법은 다음과 같다. 분노를 모든 측면에서 주시하라. 분노에 예민해져라. 분노가 불시에 들이닥치지 못하도록, 계속 주시하며 분노의 각 단계를 관찰하라. 그대는 놀라게 될 것이다. 모든 측면에서 분노에 대한 그대의 인식이 높아짐에 따라 분노가 사라지기 때문이다. 분노가 사라질 때 평화가 있다. 평화는 자연스럽게 찾아온다. 적극적으로 도달하는 것이 아니다. 증오가 사라질 때 사랑이 있다. 사랑은 적극적인 도달이 아니다. 질투가 사라질 때, 모두를 향한 자비가 있다."

이것이 진정한 명상이자 진정한 이해이며, 내적인 평화에 이르게 하는 열쇠다.

사랑하라, 명상하라, 그리고 자유로워지라

 수많은 현대인들이 오쇼의 글을 읽고, 오쇼의 육성을 듣는다. 오쇼의 강연 내용을 정리해서 엮은 책은 90개 언어로 번역되어 약 2,000권이나 된다. 약 1,000시간 분량의 오디오 강의 테이프들이 있고, 3,000시간 분량의 비디오테이프들이 있다.

 그러나 오쇼가 전하는 메시지를 한 단어로 축약하라고 한다면 나는 주저 없이 '명상'이라고 말하겠다. 단어 하나를 추가하길 원한다면 그것은 '사랑'일 것이다. 여전히 하나를 더 원한다면 그것은 '축복'일 것이다. 이제 더는 없다.

 명상은 오쇼의 통찰력을 이루는 기초다. 사랑이 그 뒤를 따른다. 명상 없는 사랑은 욕정이나 다름없다. 명상은 사랑을 정화하고, 대개 패키지처럼 따라오는 질투, 소유욕, 기대의 구속에서 사랑을 해방시킨다. 자유는 사랑보다 더 높은 가치다. 자유는 사랑의 영혼이다. 한편, 오직 명상만 있고 사랑이 없을 때 삶은 지루해진다.

오쇼는 말한다. "내 삶의 철학에서 가치 있는 것은 오직 두 가지뿐이다. 하나는 명상이고, 다른 하나는 사랑이다. 이 두 가지는 서로 보완한다. 명상은 홀로 있는 즐거움을 의미하고, 사랑은 누군가와 함께 있는 즐거움을 의미한다.

명상과 사랑은 진정한 교육의 두 날개다. 명상은 독립, 자유를 의미한다. 이때 자유는 어느 것에도 얽매이지 않는다. 그대가 사랑하는 사람에게서도 자유로울 수 있어야 한다. 사랑하는 사람의 존재조차 그대의 공간을 침범하기 때문이다. 물론 당분간은 그대의 공간을 다른 누구와 공유하는 것은 좋다. 서로 교감을 나누고 서로에게 동화되어 하나가 되는 것은 좋은 일이다. 그러나 궁극적으로, 그리고 근본적으로 그대는 혼자다. 그대는 홀로 있는 방법을 배워야 한다. 홀로 있는 방법뿐 아니라 홀로 있을 때 즐거움과 환희를 느끼는 방법을 배워야 한다."

사랑하는 동안 명상을 잊지 말라. 사랑은 어떤 것도 해결해주지 않을 것이다. 사랑은 오로지 그대가 누구이고, 어디에 있는지를 보여줄 뿐이다. 사랑은 그대를 예민하게 만든다. 그대 안의 혼란과 혼돈을 자각할 수 있게 한다. 다음은 명상할 차례다! 사랑과 명상이 조화를 이룰 때 그대는 두 날개를 달게 될 것이며, 균형을 잡게 될 것이다.

새는 한쪽 날개로만 날 수 없다. 세속적인 사람은 사랑의 한쪽 날개로만 날기 때문에 땅으로 떨어진다. 산냐시[5]는 명상의 한쪽 날개로만 날기 때문에 높은 곳에 닿을 수 없을뿐더러 계속 날지 못한다. 오로지 이해하는 사람, 균형을 얻은 사람만이 양쪽 날개로 날 수 있으며, 의식의 히말라야 꼭대기에 닿을 수 있다. 그 시점이 진정한 축복이다. 우리는 그것을 환희, 아난담이라고 부른다!

이것이 오쇼가 우리 모두를 위해, 오늘을 위해, 내일을 위해

---

[5] 산냐시Sannyasi: 힌두교의 고행자.
[6] 미라 바이Meera Bai(1450~1547): 중세 힌두 신비주의자이자 시인. 크리슈나 신을 찬양하는 그의 서정시들은 북인도에서 폭넓게 애송되고 있다.
[7] 하킴 사나이Hakim Sanai: 12세기 아프가니스탄의 위대한 수피 스승.
[8] 밀라레파Milaropa(1040~1123): 티베트의 불교학자. 마르파의 제자로 차크라(Cakra)라는 기공(氣功)과 운행에 중심을 둔 수신법을 전수받았다. 마하무드라 경지를 《십만가요》에 읊었다.
[9] 사라하Saraha: 나가르주나(龍樹)의 스승이며 탄트라 불교의 4대 조사.
[10] 라마크리슈나Ramakrishna(1836~1886): 인도의 신비주의적 종교가. 불이일원론에 바탕을 두고, 모든 종교에서 신(神)에 이르는 길은 같다고 주장하였다. 자신 속에서 신을 실현하고 체험하는 것은 이성적인 차원의 분별지를 통해서가 아니라 직관과 사랑, 그리고 믿음과 헌신으로 가능하다고 가르침.
[11] 라마나 마하리쉬Ramana Maharishi(1879~1950): 침묵의 성자. 자신의 체험을 바탕으로 한 가르침을 편 그는 '자아탐구'를 깨달음에 이르는 가장 최고의 길이라 하면서 특별히 이 길을 가기가 어려운 사람에게만 헌신의 길을 권유하였다.

남긴 유산이다. 오쇼가 먼 옛날 깨달음을 얻은 스승들과 신비가들, 예를 들면 붓다, 예수, 크리슈나, 고라크, 카비르, 미라[6], 나나크, 파탄잘리, 노자, 헤라클레이토스, 피타고라스, 구르지예프, 하시드 스승들, 수피 스승들, 탄트라 스승들, 선 스승들, 짜라투스트라 등 셀 수 없이 많은 현자들에 대해 이야기하며 수천 가지 방식으로 말해왔던 것은 바로 명상과 사랑 그리고 축복이다.

많은 사람들은 오쇼가 현자들의 반대편에 있다고 생각한다. 어떤 이는 한때 오쇼에게 이렇게 물었다. "당신은 모든 구루에 반대합니까?"

오쇼는 대답한다. "그렇다면 노자, 장자, 열자, 라비아, 하킴 사나이[7], 보리달마, 임제, 밀라레파[8], 사라하[9], 카비르, 나나크, 미라, 예수, 모세, 붓다, 마하비라에 대해 이야기했던 사람은 누구인가? 내가 이 모든 구루에 반대한다면 이들에 대해 이야기했던 사람은 누구인가? 물론 나는 몇몇 구루들에 반대한다. 그들이 구루이기 때문이 아니라 그들이 구루가 아니기 때문이다. 그들은 구루인 척하는 자들이다. 나는 고대의 스승들에 대해서만 이야기하지 않았다. 라마크리슈나[10], 라마나 마하리쉬[11], 구르지예프, 크리슈나무르티 등 현대의 스승들에 대해서도 이야기했다."

이 스승들은 신의 정원에 핀 꽃들과 같아서, 꽃과 같은 향기를 풍긴다. 오쇼는 모든 인간을 이 정원으로 초대해 그 향기를 만끽하도록 권한다. 거기서는 어떤 스승이 더 훌륭한지 논쟁을 벌일 필요가 없다. 그것은 어리석은 일이다. 싸움을 계속하는 자들은 영원히 정원 밖에 남는다. 정원 밖에서는 커다란 소음이 끊이질 않는다. 신도들이 자기들의 종교와 신앙이 더 우월하다고 주장하며 서로 싸우고 서로를 죽이고 있다. 그들은 분명 종교성의 향기를 맡은 경험이 없다. 오쇼는 말한다. "나는 종교가 아닌 종교성을 가르친다."

깨달음을 얻기 위해 내면을 들여다보라

우리의 내면에는 영적인 보물이 무수히 많이 있다. 우리의 내면에는 거룩함이라는 거대한 왕국이 있으며, 이 왕국은 그 끝을 알 수 없을 만큼 광활하게 펼쳐져 있다. 이 거룩함의 창을 열기 위해서는 특별한 암호가 필요하다. 그 암호는 바로 명상이다.

우리는 컴퓨터와 로봇이 발달한 시대에 살고 있다. 늘 이러한 기계 장치들에 의지하다 보니 어느새 우리도 기계적으로 행동하게 되었다. 로봇처럼 행동하는 것은 인간이 아니다. 자신이 삶의 주인이 되지 못하기 때문이다. 무의식의 힘이 삶을 통제한다. 이 존재는 인간적인 기쁨과 우아함을 누리지 못한다. 오쇼는 우리에게 일깨운다. "그대의 존재에 조금 더 의식을 불어넣어라. 행동할 때마다 예전보다 덜 기계적이도록 하라. 열쇠를 쥔 건 그대다. 걸을 때 로봇처럼 걷지 말라. 늘 걷던 대로 걷지 말라. 기계적으로 걷기보다 조금 더 의식적으로 걸어라. 걸음의 속도를 늦추고 의식적으로 한 걸음, 한 걸음 내딛어라."

붓다는 제자들에게 이렇게 말했다. "왼발을 들 때 마음속으로 '왼발'이라고 말하라. 오른발을 들 때 마음속으로 '오른발'이라고 말하라. 이 새로운 과정에 익숙해질 때까지 일단 말하라. 익숙해지면 서서히 그 말이 사라지게 하라. 다만 기억하라. '왼발, 오른발, 왼발, 오른발.'"

오쇼는 이 방법을 추천한다. "일상생활에서 이 방법을 시도해보라. 꼭 중요한 행동을 해야 할 필요는 없다. 먹고 목욕하고 수영하고 걷고 말하고 듣고 요리하고 빨래하는 동안, 스스로 자동화에서 벗어나라. '탈자동화'라는 말을 기억하라. 이것이야말로 그대가 의식적이기 위한 비결이다. 마음은 로봇이다. 로봇은 유용성을 띤다. 그런 식으로 마음도 작동한다. 그대는 무언가를 배운다. 처음 배울 때 그대는 의식적이 된다. 운전을 배우기 시작할 때는 정신을 바짝 차리게 된다. 운전은 매우 위험한 일이기 때문에 정신을 차리지 않으면 안 된다. 그러나 운전에 익숙해지는 순간, 이 의식은 필요 없게 된다.

그래서 마음의 로봇, 곧 무의식 영역이 의식을 대신한다." 바로 그때 우리는 의식을 잃는다. 명상은 의식을 되찾고 로봇과 같이 작동하는 마음을 초월하는 것을 의미한다. 이러한 초월은 내적 존재, 의식 영역 안에서 일어난다.

오쇼는 말한다. "마음은 밖으로 열려 있고, 명상은 안으로 열려 있다."

마음은 바깥세상으로 이어지는 문이다. 명상은 그대의 내면으로 이어지는 문이다. 즉, 존재의 가장 내부에 있는 사원에 이르는 문이다. 그리고 나서 갑자기 그대는 깨닫게 된다.

우주의 무한한 신비로움

우주는 신비로운 현상이다. 우주는 살아 있기 때문에 신비롭다. 이 신비로움을 이해하기 위해서는 신비가나 과학자가 되어야 한다. 힌두 사람들은 늘 '신은 티끌마다 존재한다'고 믿었다.

신비가들은 우리가 늘 신성한 땅 위를 걷고 있다고 말한다. 영적인 사람에게는 모든 것이 신성하다. 신은 삶의 모든 측면에서 존재한다. 그러나 영적이지 못한 사람에게는 모든 것이 세속적이고 무의미하다. 영적인 사람은 주위에서 늘 강한 에너지를 느낀다. 심지어 우주도 끊임없이 생명의 에너지를 준다. 그는 그 에너지를 받아들일 수 있는 감수성을 지녔기 때문이다. 오직 감수성이 풍부한 사람만이 그 에너지를 느낄 수 있으며, 따라서 그의 영혼은 숭고하다. 그는 주위에 있는 모든 형태의 생명을 숭배한다. 그는 다른 방식으로 걷고 말하고 관계를 맺는다. 그는 다양한 형태와 다양한 차원의 거룩함과 끊임없이 상호작용하기 때문이다. 그는 어느 누구에게도 무례하지 않다. 살아 있는 우주가 그의 모든 말을 녹음하고 있다는 걸 마음 깊이 알기 때문이다. 그의 말이 영원히 공명共鳴할 것임을 알기 때문이다. 그렇다면 우리는 왜 이 우주를 허튼 말로 채우려 하는가?

과학자들은 그 말들과 소리들이 사라지지 않는다고 말한다. 매우 섬세한 도구들로 수천 년 전 울렸던 소리들을 포착할 수 있다. 어쩌면 언젠가 붓다, 크리슈나, 미라, 카비르, 나나크가 했던 기적의 말들도 녹음할 수 있는 날이 올 것이다.

명상가는 그러한 도구가 필요하지 않다. 깊이 명상하는 동안 그러한 메시지를 직접 들을 수 있기 때문이다. 그것은 내면의 조율을 통해 가능해진다. 미라는 수천 년 후 크리슈나의 피리 소리를 들었다. 깨달음을 얻은 현자들의 메시지는 오로지 인쇄된 책들을 통해서만 전해지는 것이 아니다. 진정한 헌신자들의 마음 깊은 곳으로 내려와 그곳에 머물기도 한다.

오쇼는 말한다. "어느 누구든 깨달음에 도달했던 곳마다 뚜렷한 진동이 여전히 남아 있음을 몸소 느꼈다. 수천 년의 세월이 지났어도 그 진동은 여전히 그곳, 나무, 땅, 산에서 계속된다. 그곳에서 여전히 비범한 존재를 느낄 수 있다. 그는 거기에 없다. 노래를 부르던 그는 이미 이 세상에 없을지도 모른다. 그러나 녹음된 그의 목소리는 여전히 거기에 남아 있기에, 그대는 그 목소리를 다시 들을 수 있다."

삶은 기적의 화관

한 친구가 내게 나의 믿음에 대해 물은 적이 있다. 나는 기적을 제외한 어느 것도 믿지 않는다고 대답했다. 주위에서는 매 순간 수백 가지의 기적이 일어난다. 우리가 왜 그것들을 보지 못하는지 의아하다. 나는 존재하며, 그것은 기적이다. 그대는 존재하며, 그것은 기적이다. 우리는 모두 존재한다. 그것 또한 기적이다. 삶은 기적의 화관이다.

한순간 생명은 다양한 색과 모양과 크기로 나타나며, 시간이 지날수록 그 형체는 점점 더 뚜렷하고 견고해진다. 생명은 영원한 것처럼 보인다. 다음 순간, 생명은 사라지거나 증발한다. 처음부터 존재하지 않았듯이 말이다. 이것이 기적이 아니고 무엇인가? 그리고 갑자기 같은 생명이 새롭게 다시 태어난다. 우리는 관계 속에서 안전을 추구하고 보호 받고 싶어 하는 경향이 있기 때문에 우리의 마음은 오직 특정한 형태의 생명에 열중하고 애착을 느낄지도 모른다. 우리가 집착하는 형태의 생명이 사라질 때 불행함을 느끼게 된다. 마음은 그러한 관계가 영원히 지속되리라 믿고 싶어 한다. 그러나 생명은 우리의 기대에 부응해야 할 의무가 없다.

명상은 이 현실을 명확히 볼 수 있는 눈을 준다. 우리는 생명이 오고 가는 대로 생명 그 자체를 즐겨야 한다. 매 순간 삶이 있고 죽음이 있다. 순간마다 삶은 죽음으로, 죽음은 삶으로 바뀐다. 그것은 삶과 죽음의 지속적인 상호작용이다. 이것만이 우리가 기적이라고 부를 만한 것이다. 다른 기적은 모두 무의미해진다. 이것이 '프라브후 릴라', 신의 장난이다. 신의 장난은 늘 흥미로워 지루해할 겨를이 없다. 그러나 사실 우리는 그 기적을 지루하게 여기지 않았나?

오쇼는 「아, 이것 Ah, This」이라는 제목의 강연에서 이렇게 말한다. "그대는 삶을 지루하게 만들었다. 이것이 그대가 이룬 업적이다! 삶은 환희의 춤이다. 그런데 그대는 삶을 지루한 것으로 만들었다. 그대는 기적을 행했다. 그 밖에 달리 하고 싶은 것이 무엇인가? 이보다 더 대단한 일을 이루지는 못하리라. 삶을 지루함으로? 그대는 삶을 무시할 수 있는 엄청

난 역량을 지녔음이 분명하다."

오쇼는 설명한다. "지루한 것은 삶이 아니다. 그대의 마음이다. 그대가 그러한 마음을, 그러한 단단한 마음을 만리장성처럼 주위에 쌓아올렸기 때문에 삶이 그대 안으로 들어오지 못한다. 그러한 마음은 그대를 삶과 분리시킨다. 그대는 고립되고, 차단되고, 창문 없는 곳에 갇히게 된다. 감옥 안에서 사는 동안 그대는 아침 해를 보지 못하고, 하늘을 나는 새들을 보지 못하고, 별이 총총 떠 있는 밤하늘을 보지 못한다. 결국 그대는 삶이 지루하다고 생각하기 시작한다. 그대의 결론은 잘못되었다."

진정으로 명상적인 사람은 매 순간 삶을 새롭게 받아들이기 때문에 지루함을 느끼지 않는다. 기적은 기적을 받아들일 수 있는 감수성이 있는 한 언제나 그대에게 찾아올 것이다.

쿤달리니 명상

 오쇼는 말한다. "내 명상법들은 그대가 에너지를 확장하도록 돕는다. 에너지는 씨앗과 같다. 하나의 씨앗은 온 지구를 푸르게 만들 수 있다. 그대 안의 작은 불꽃 혹은 작은 에너지는 온 지구를 춤, 노래, 음악으로 채울 수 있다. 약간의 불꽃만으로도 충분하다. 그대가 그 불꽃을 확장하는 방법을 안다면 그 작은 불꽃은 거대한 불꽃이 될 수 있다. 그대 안에서 그것은 겨우 작은 불꽃인지 모른다. 명상은 내면의 작은 불꽃을 확장하기 위한 노력이다. 그대가 불타 이글거리다가 세차게 타오르며 주위로 퍼질 수 있도록."
 스웨덴에서 약 50명의 과체중 중년 남성들을 대상으로 한 연구 결과가 지난주 발표되었다. 그 결과에 따르면, 장기간

스트레스를 받은 사람은 살이 쉽게 찔 수 있다. 신경 세포가 파괴되거나 스트레스를 받으면 복부를 중심으로 지방이 축적되고, 그에 따라 당뇨병과 심장병에 걸릴 위험이 높아진다. 이 연구는 스웨덴의 예테보리 대학 병원에서 실시되었다.

이 문제에 대한 완벽한 해결책은 동양의 요가와 명상에서 찾을 수 있다. 요가가 힘들게 느껴진다면 오쇼의 쿤달리니 명상[12]이 있다. 이 명상법으로 놀라운 결과를 거두려면 3주간 매일 꾸준히 수행하기를 권한다. 이 명상법은 전 세계 오쇼 센터에서 효과적으로 시행되어왔다. 1998년에 전 세계 사람들, 특히 미국 사람들이 인터넷으로 인한 우울증에 시달리고 있다고 한 연구진이 발표했다. AFP 뉴스는 이 우울증을 치료하기 위한 방법으로 쿤달리니 명상을 자세히 소개했다. 그 기사 내용은 이렇다. "스트레스를 받은 몸은 지방 축적 효소를 촉진하는 호르몬을 과잉 분비한다. 이 효소는 신체의 다른 부위보다 특히 복부에서 쉽게 활성화된다. 장기간 스트레스를 받은 후에 호르몬 과잉 분비는 줄어들지만 지방은 여전히 남는다. 특히 활동량이 과거에 비해 훨씬 줄어든 현대인들의 복부에 지방이 많이 축적되어 있다."

---

[12] 쿤달리니Kundalini 명상: 몸과 마음의 이완을 통해 마음의 평안에 이르는 것. 모두 4단계로 흔들기(Shaking period), 춤추기(Dancing period), 침묵하기(Silence period), 이완기(Relaxation period) 등으로 이뤄진다.

감정적으로 억눌린 삶, 만족스럽지 못한 삶을 사는 사람들이 더 많이 먹는 경향이 있다. 그 결과 스트레스와 지방이 몸 안에 축적된다. 이 문제는 오쇼의 다이내믹 명상과 같은 카타르시스 요법들로 치유가 가능하다. 첫 번째 단계는 10분 동안 격렬히 호흡하는 것이다. 두 번째 단계는 10분 동안 노래하고, 웃고, 소리치고, 춤추는 등 몸이 원하는 대로 마음껏 표출하여 카타르시스를 느끼는 것이다. 세 번째 단계는 10분 동안 물라다라 차크라[13] 아래에 있는 쿤달리니(신경계)의 소용돌이치는 에너지에 진동이 울리도록 하는 것이다. 마지막 두 단계에서는 각각 15분 동안 침묵과 축복 속에 머문다. 이는 몸을 조율하기 위한 강력한 명상이다. 한편, 오쇼의 쿤달리니 명상은 한 시간 동안 지속된다. 모두 네 단계인데, 그중 세 단계는 오쇼의 지휘 아래 작곡된 음악을 들으며 한다. 그대가 이 명상을 수행하고 싶다면 아래의 설명을 참고하라. 마지막 단계에서는 침묵 속에 머문다는 점을 명심하라. 침묵의 시간이 끝날 때 징이 울린다.

---

[13] 물라다라 차크라Muladhaar chakra: 척추 가장 아래에 위치.

쿤달리니 명상

- **첫 번째 단계 : 15분**
  긴장을 풀고 온몸이 흔들리게 하라. 에너지가 발 위로 올라오고 있음을 느껴라. 어디에도 구속받지 않고 자신이 흔들림이 되어라. 두 눈은 뜨거나 감는다.
- **두 번째 단계 : 15분**
  느끼는 대로 춤추라. 몸이 어떤 식으로든 움직이는 대로 두어라.
- **세 번째 단계 : 15분**
  눈을 감고 가만히 앉아 있거나 서 있으라. 그대의 안과 밖에서 일어나는 일을 그저 지켜보라.
- **네 번째 단계 : 15분**
  눈을 감고 가만히 움직이는 대로 두어라.

"몸이 흔들리는 대로 두어라. 그대가 몸을 흔들지 말라. 가만히 서서 흔들림이 오는 대로 느껴라. 그대의 몸이 흔들리기 시작할 때 흔들림을 도와라. 억지로 하지 말라. 그것은 명상이 아닌 운동이다. 흔들림은 있지만 겉보기에만 그럴 뿐이다. 그대 안은 여전히 바위처럼 딱딱하게 굳어 있을 것이다. 그대는 계속 조종자가, 행위자가 될 것이고, 그대의 몸은 그대를 따를 뿐이다. 문제는 몸이 아닌 바로 그대다."

불을 켜라, 안으로 조율하라, 비워라

 명상은 한 존재를 축복하는 일이다. 그 존재는 부족함이 없기 때문이다. 그러나 우리는 '무언가' 혹은 '누군가'가 되고자 갈망한다. 그리고 '어딘가'에 도달할 때 행복과 만족이 있을 거라고 생각한다.
 명상법의 기본 원칙은 '지금 여기'다. 지금 여기에 산다는 인식이 꽃처럼 피어날 때, 바로 그때가 축복이다. 선 사상은 말한다. "불을 켜라, 안으로 조율하라, 비워라." 불을 켜는 것은 지금 이 순간을 완전히 자각하는 것을 의미한다. 안으로 조율하는 것은 그대 내면을 바라보며 내면의 존재와 관계 맺는 것을 의미한다. 비운다는 것은 마음에 쌓인 먼지를 모두 털어버리는 것을 의미한다.

현실은 '지금 여기'다. '영원한 지금'을 살며, 그대 존재의 순수함을 축복하라. 그대는 진정한 본연의 모습을 되찾게 되리라.

오쇼는 말한다. "축복은 '되기 위한' 모든 여행을 중단하고 다만 지금 여기에 존재하는 것이다. 되는 것(becoming)이 사라질 때, 되는 것의 모든 연기緣起가 사라지고, 그 자리에서 존재하는 것(being)의 불꽃이 피어오른다. 바로 그 불꽃이 축복이다. 축복하는 것은 나무에 꽃이 피고, 새들이 노래하고, 강이 바다로 흐르는 것만큼 자연스러운 일이다. 축복은 자연스러운 상태다. 축복은 그대의 욕망, 희망, 성공과 아무 관련이 없다. 그러나 존재의 가장 깊숙한 내면에서 이미 일어나고 있는 축복을 보려면 무언가 되려는 일을 중단해야 할 것이다."

외부에서 신을 찾는 것은 헛된 일이다. 삶과 신은 분리되지 않는다. 조약돌, 나뭇잎, 물방울 하나하나가 신으로 가득하다. 그대가 목마를 때 그대 안에서 신은 목마르다. 그대가 차가운 물을 마실 때 존재 안에서 흐르는 것이 신이다. 그대의 목마름을 해소해주는 것은 신이다. 목마름이 신이고, 목마름을 해소해주는 것도 신이고, 목마름을 해소해주는 물도 신이다. 모든 것이 신이다. 그대는 무엇을 버리려 하는가? 어떤 이유로 그대는 단식을 해야 하는가?

오쇼는 말한다. "그대는 무언가를 달성해야 하는 존재가 아니다. 그 달성은 이미 그대에게 주어졌다. 그것은 신의 선물이다. 그대는 이미 그대가 있어야 하는 곳에 있다. 그곳이 아닌 다른 곳에 있을 수 없다. 가야 할 곳도, 달성해야 할 것도 없다. 그러므로 그대는 축복할 수 있다. 서두르고, 걱정하고, 불안해하고, 괴로워하고, 실패할까 봐 두려워하지 않는다. 실패하는 것은 불가능하다. 결코 성공과 실패의 문제가 아니기 때문이다. 그대 안에서 문제를 일으키는 것은 사회가 규정한 조건들이다. 그대는 생각한다. '나는 어느 곳에도 도달하지 못했다. 삶이 내 손 안에서 빠져나가고 죽음이 더 가까이 오고 있다. 과연 내가 성공할까?' 그래서 아무것도 이룬 것이 없다는 두려움, 너무 많은 것이 사라지고 있다는 좌절감에서 오는 두려움이 그대를 사로잡는다. '나는 아직 나 자신을, 나 자신의 가치를 증명하지 못했다.'"

무언가가 되기 위한 여행이 우리를 덧없는 희망과 불행으로 이끈다는 걸 이해하는 사람은 자기 자신의 존재에서 만족을 느낀다. 이해가 커질수록 만족이 커지고, 이 만족은 진정한 행복과 기쁨으로 무르익는다. 그대는 삶이 주는 모든 것을 만끽하기 시작한다.

오쇼는 『죽음의 예술 *The Art of Dying*』에서 이렇게 말한다.

"커다란 즐거움이 그대에게 찾아오리라고 기대하지 말라. 그런 일은 일어나지 않는다. 커다란 즐거움은 그대 존재 안에서 축적된 작은 즐거움들일 뿐이다. 작은 즐거움이 모여 큰 즐거움이 된다. 먹을 때 그것을 즐겨라. 마실 때 그것을 즐겨라. 목욕할 때 그것을 즐겨라. 걸을 때 그것을 즐겨라."

『반야심경』에서 오쇼는 말한다. "그대의 몸 안에서, 그대의 존재 안에서, 바로 이 순간 신이 존재한다. 그대는 신을 찬양하지 않았다. 그대는 신을 찬양할 수 없다. 찬양은 그대의 집 안에서, 그대와 가까운 곳에서 먼저 일어나야 한다. 그리하여 축복은 거대한 해일이 된다."

그대는 사랑한다. 사랑이 그곳에 있는 동안 축복하라! 사랑이 영원히 그곳에 있도록 하기 위해 협상하지 말라. 그렇지 않으면 협상하는 동안 그 순간을 놓칠 것이다. 협상할 준비를 하는 동안 꽃은 시든다. 그대가 즐길 준비를 할 때 그 순간은 이미 사라졌다. 아무도 되돌릴 수 없다. 그 순간은 돌아오지 않는다. 강은 앞으로, 앞으로 흐른다. 그대는 매 순간 새로운 해안으로 밀려간다.

보름달의 은빛 기적

　보름달이 뜬 밤은 명상하기에 더없이 좋은 시간이다. 한낮의 소음이 한밤의 침묵으로 바뀌는 시간이기 때문이다. 마음을 열고 두 눈을 달에서 흘러나오는 감로로 가득 채우라. 이 감로를 그대의 존재 안으로 완전히 흡수하라. 대기의 시원함과 부드러움을 느껴라.

　이 대기가 아트마 영역, 곧 영靈의 공간으로 바뀌게 하라. 그대의 몸이 부드럽게 흔들리거나 춤추게 하라. 자신을 무중력의 영역으로 옮겨라. 그대가 더 많이 녹아들수록 그대는 의식의 광활한 하늘 위로 더 높이 오를 수 있다.

　내면의 세계에는 많은 산과 계곡이 있다. 우리는 그 세계의 정상인, 의식의 에베레스트에 오르는 느낌을 만끽할 수 있다.

혹은 어두운 심연에 빠진 것처럼 울적함을 느낄 수도 있다. 인간의 의식은 우리를 어둡고 음침한 시궁창 속에 밀어 넣을 수도 있고, 두 날개를 활짝 펴고 하늘 높이 솟아오르도록 도울 수도 있다.

의식은 유동적인 현상이며, 달 에너지도 그렇다. 하늘에 있는 그 강렬한 존재는 내면의 하늘인 의식에서 공명한다. 달 에너지는 영혼에 영향을 미친다.

오쇼는 「그대 자신을 찬양하라: 지금 여기 있는 건 신이 아닌 삶이다 *Celebrate Myself: God is Nowhere, Life is Now Here*」라는 제목의 강연에서 이렇게 말한다. "보름달이 뜬 밤에는 특별함이 있다. 과학도 이제는 그 점을 인정한다."

하지만 과학자들은 그 특별함을 잘못된 측면에서 접근한다. 보름달이 뜬 밤에 살인 사건이 더 자주 일어나고, 자살하는 사람이 더 늘어나고, 더 많은 사람들이 미쳐간다는 걸 그들은 인식하게 되었다……. 보름달이 뜬 밤은 바다에도 영향을 미친다. 파도가 높게 일며 해수면이 높아지는데, 마치 바다가 달에 닿으려고 애쓰는 듯하다.

인간은 80퍼센트의 물로 이루어져 있다. 그렇기 때문에 그들 안의 무언가도 미묘한 흔들림을 느끼기 시작한다. 과학자들은 인간이 진화 과정의 다른 끝에 있으며, 처음에 인간이 물고기였다고 말한다. 그래서 우리는 보름달과 깊은 연관이 있다.

오쇼는 말한다. "우리에게는 우리가 완전히 자각하지 못하는 커다란 잠재력이 있다. (무지의) 단단한 껍질을 깨는 일은 고통이 따른다. 그러나 고통을 기꺼이 인내한다면, 그리하여 그 단단한 껍질이 깨진다면, 삶은 비약적으로 도약한다. 그대는 이제 영원하다. 그대는 더 이상 어둠이 아니다. 그대는 보름달이 뜬 밤이 된다. 그대는 더 이상 불행을 모른다. 기쁨은 그대의 본성이자 존재 자체가 된다.

달은 가장 즐겁고 아름다운 현상을 나타낸다. 그대는 그 아름다움, 그 광채가 될 수 있다. 그 아름다움과 광채는 그대가 닿을 수 있는 범위 안에 있다. 그대는 그대의 가슴에 달을 품을 수 있기 때문이다. 달에 이르는 것은 헛된 일이다. 그보다 더 가치 있는 일은 달을 그대 안에 품는 것이다.

달은 밤마다 기적을 창조한다. 달은 태양 광선을 거울처럼 반사할 뿐이다. 영적 스승 또한 거울이다. 명상은 그대를 거울로 만든다. 깨끗하고 맑은 거울 말이다. 모든 것이 그대에게서 있는 그대로 반사된다. 아무런 판단이 개입되지 않은 채."

달은 단지 태양 광선을 반사함으로써 뜨거운 태양빛을 차가운 에너지로 바꾼다. 영적 스승은 그대가 흡수하는 것과 같은 에너지를 흡수한다. 그는 그대가 먹는 것과 같은 음식을 먹는다. 그는 그대와 똑같은 물을 마시고, 똑같은 공기를 호흡한다. 그러나 어떠한 연금술적 변화가 영적 스승 안에서는 계속 이루어진다.

달마다 보름달이 뜬 밤이면 선 수행자들은 밤새 달을 바라본다. 그들이 달을 계속 바라보는 동안 깊은 평온과 침묵이 내려앉는다. 특히 고타마 붓다가 태어나고 열반에 들고 몸을 떠났던 보름달 밤이 돌아오는 날이면 더욱.

그래서 이 밤은 선 불교도들에게 특별한 밤이다.

다른 사람들은 그대를 비추는 거울이다

 영적인 길을 걷는 사람들 중에 러시아의 독특한 신비가 구르지예프에 대해 모르는 사람은 없을 것이다. 그는 파리 교외에서 일종의 공동 생활체인 명상 센터를 운영했다. 고대로부터 신비가들이 아쉬람(공동체)에서 살았듯이, 많은 현자들이 공동 생활체를 이루려고 했다. 공동 생활체 혹은 아쉬람은 한 개인인 구도자의 영적인 변화를 위한 실험장의 기능을 한다. 구르지예프의 공동체에는 안톤이라고 하는 한 러시아인이 살았다. 그는 다른 사람들보다 나이가 많았고, 공동체 사람들에게서 반감을 샀다. 그의 서툰 생활방식이 신경을 거슬리게 했기 때문이다. 그래서 그들은 안톤을 따돌렸다.
 구르지예프가 외국에 갔을 때였다. 그가 없는 동안, 안톤은 공동체를 떠나기로 결심했고, 다시는 돌아오지 않겠다고 다짐했다. 공동체 사람들은 그의 결정을 반기며 귀찮은 존재를 떨쳐낸 것 같아 후련했다. 외국에서 돌아온 구르지예프는 안톤이 떠난 사실을 알고 마음이 좋지 않았다. 구르지예프는 공동체 사람들에게 안톤이 있을 만한 곳을 물은 다음, 그를 찾으러 파리로 갔다. 파리의 거리를 몇 번이나 돌아다닌 후에야 어딘가에 앉아 있는 안톤을 발견했다.

구르지예프는 안톤에게 공동체로 돌아가 다시 함께 살자고 권했다. 안톤은 머물 곳이 없었지만 구르지예프의 제안을 거절했다. 공동체 사람들은 모두 숙박비를 지불했지만, 안톤은 지불할 돈이 없었기 때문이다. 그러나 구르지예프와 같은 스승 혹은 신비가에게 돈은 기준이 되지 않았다. 신비가들은 그런 식으로 삶을 보지 않으며, 그들의 태도는 실리주의자와는 거리가 멀다. 그들에게 공동체란 돈보다 더 중요하다.

구르지예프는 안톤의 눈을 자비롭게 바라보며, 돈을 내지 않아도 좋으니 돌아가서 함께 살자고 말했다. 구르지예프는 통찰력 있는 얼굴을 하고 있었고, 그의 두 눈은 사람의 마음을 끄는 무언가가 있었다. 안톤은 스승에게 싫다는 말을 할 수 없었다. 공동체의 다른 사람들은 스승과 함께 돌아오는 안톤을 보았을 때 싫은 기색을 숨기지 않았다. 그들은 자기들이 돈을 지불하며 이용하는 모든 것을 그 더러운 자가 공짜로 이용하고 있다는 사실 때문에 질투심을 느꼈다. 그러나 구르지예프는 완고했다. 그리고 그들에게 안톤을 그런 식으로 평가하지 말고 하나의 거울로 보라고 말했다. 한 사람은 다른 사람들을 비추는 거울로 작용한다. 그들은 그 거울을 통해 자신들의 얼굴을 볼 수 있다. 그들은 자신들의 아름다움 혹은 추함, 질투 혹은 관대, 잔인함 혹은 자비로움, 사랑 혹은 미움을 볼 수 있다. 안톤은 그런 점에서 매우 가치 있는 존재였다.

이것이 바로 공동체의 역할 혹은 공동체를 이루며 함께 살아가는 목적이다. 공동체는 실질적인 변화의 장이 된다. 사회생활을 할 때도 마찬가지다. 일하며 관계를 맺는 모든 사람들이 우리를 비추는 거울이라고 여길 때 그 관계들에서 진정한 혜택을 누릴 수 있다. 또한 스스로를 점검하고 더욱 책임감 있는 인간으로 성장할 수 있다. 오쇼는 책임감에 대해 말하며 그것을 '대응하는 능력'이라고 정의한다.

명상이 중요한 열쇠다

심라[14]에 가는 길에, 우리는 명상 캠프에 참여할 예정이었다. 나는 새 친구이자 여행 동반자에게 물었다. "함께 가겠는가?"

그는 말했다. "나는 나대로 명상을 하겠다." 그렇다. 그는 그 자신만의 방식으로 명상을 할 수 있다. 세상에 많은 사람들이 있듯이, 명상법 또한 매우 많다.

모든 존재는 늘 독창적인 방식으로 자신을 표현한다. 꽃들은 모두 똑같아 보이지만 저마다 자기 방식대로 핀다. 꽃들을 가만히 지켜보라. 섬세한 차이를 알게 될 것이다. 그 섬세한

---

14 심라Shimla: 인도 북서부에 위치.

무언가가 차이를 만든다. 지구상의 어떤 꽃도 다른 꽃과 똑같지 않다. 오직 공장에서 제조된 플라스틱 꽃들만이 똑같다. 산을 오를 때 모양이 똑같은 돌은 단 하나도 발견하지 못할 것이다. 물론 공장에서 돌로 만들어진 수천 개의 타일은 하나같이 똑같다. 존재는 복제나 모방을 믿지 않는다. 존재는 매우 무한해서 무한대로 독창적인 표현을 만들어낼 수 있다. '독창적인'이란 근원 혹은 원천에서 나오는 어떤 것을 의미한다. 존재는 독창성을 찬양한다.

힌디어로 '우트사'라는 아름다운 말이 있다. 그것은 '원천'을 의미한다. 한편, '우트사브'라는 말은 '찬양'을 의미한다. 원천에서 나온것은 곧 찬양이 된다! 진정한 찬양은 복제를 통해 오지 않는다. 독창적인 무언가일 때에만 진정한 찬양이 온다. 완전한 존재는 계속해서 찬양한다. 모든 것이 원천에서 나오기 때문이다.

명상은 이 원천의 깨달음, 이 원천과의 관계 맺기를 의미한다. 이 원천에서 너무 멀리 왔다고 생각하거나 상상할지도 모른다. 그러나 실제로 우리는 늘 원천과의 관계 속에 있다. 명상은 이 원천으로 돌아가는 것을 의미한다. 그리고 지구상의 수백만 명이 그들의 원천으로 돌아갈 수 있다. 상상 속에서가 아니라 실제로 가능하다. 물론 그들은 각자의 방식으로 돌아갈 수 있다. 즉, 자신만의 명상법을 통해서일 것이다. 그러나 명심하라. 중요한 것은 명상하는 것이지 명상하는 방법이 아니다! 중요한 것은 기도하는 것이지 기도하는 방법이 아니다! 중요한 것은 사랑하는 것이지 사랑하는 방법이 아니다! 사랑, 기도, 명상으로 충만한 내면에 이르는 것이 무엇보다 중요하다. 이때 명상의 영적인 방법들을 둘러싼 모든 논쟁과 싸움, 무엇이 옳고 그른지에 대한 무의미한 주장들이 사라진다. 나에게 이로운 것이 그대에게는 이롭지 않을지도 모른다. 누군가에게 이로운 것이 다른 사람들에게는 이롭지 않을 수 있다. 붓다가 남긴 유명한 말이 있다. "이로운 것이 진리다."

오쇼는 말한다. "붓다는 진리를 이로운 것으로 정의했다. 거짓말이 이롭다면 그것이 진리다. 진리가 이롭지 않다면 그것이 무슨 소용인가? 그것을 쓰레기통에 처넣어라. 그것은 아무 소용이 없다. 붓다가 내린 정의는 매우 훌륭하다. 붓다는 세계에서 최초의 실용주의자였다. 이제 과학자들도 붓다의 말에 동의한다. 과학이 그 진실을 이해하기까지 2500년이나 걸렸지만."

도의 지혜 : 명상은 실리적인 차원이 아니다

 요즈음 명상이 사람들 사이에서 큰 인기를 얻고 있다. 사람들은 명상의 이점에 대해 자주 묻는다. "명상에서 무엇을 얻을 수 있나? 명상이 마음의 평화뿐 아니라 부와 번영도 가져다줄 수 있나?"

 그러한 질문에 대한 유일한 대답은 이것이다. "없다. 명상은 세속적이거나 실리적인 것이 아니다. 명상은 비즈니스를 위함도, 물질적인 부를 위함도 아니다. 그대가 명상을 통해 물질적 이득을 얻으려한다면 명상을 명분으로 모든 종류의 패키지를 만들어 파는 장사꾼들의 희생양이 될 것이다. 안타깝게도, 깨달음을 얻지 못한 자들이 운영하는 대규모 사업들이 전 세계에서 성행하고 있다. 깨달음을 얻은 사람은 현세에서의 물질적 이득을, 혹은 내세에서의 영적인 이득을 약속하지 않을 것이다."

 명상은 초월적이다. 명상은 장터에서도 가능하지만, 장터에 속하지 않는다. 오히려 장터는 명상을 완성한 사람들이 평화와 환희를 나누는 곳이다.

 오쇼는 흥미로운 도의 이야기를 전한다.

 노자가 제자들과 길을 걷고 있었다. 그들이 숲에 다다랐을 때, 수백 명의 목수들이 큰 대궐을 짓기 위해 나무를 자르고 있었다. 모든 나무가 거의 잘려졌고, 오직 한 그루의 나무만 서 있었다. 수천 개의 가지가 달린 커다란 나무였다. 노자는 제자들에게 다른 나무는 모두 자르면서 왜 유독 이 나무만 자르지 않는지 목수들에게 가서 물어보라고 했다.

 그 제자들은 목수들에게 물었다. "왜 이 나무는 자르지 않습니까?"

 목수들이 대답했다. "이 나무는 아무 소용이 없습니다. 가지마다 마디가 많아서 이 나무로는 아무것도 만들 수 없거든요. 어느 것 하나 곧게 뻗어 있지 않아 기둥도, 가구도 만들 수 없어요. 연료로도 쓸 수 없어요. 연기가 눈에 들어가면 위험하기 때문입니다. 이 나무는 아무짝에도 쓸모가 없어요. 그게 이유입니다."

그들이 돌아왔을 때 노자가 웃으며 말했다. "저 나무처럼 되어라. 그대들이 이 세상에서 계속 살고자 한다면, 저 나무처럼 되어라. 완전히 쓸모없게 되어라. 그러면 아무도 그대들을 해치지 않으리라. 그대들이 곧다면 그대는 잘려질 것이다. 누군가의 집에 가구가 될 것이다. 그대들이 아름다우면 시장에 내다 팔릴 것이다. 하나의 상품이 될 것이다. 저 나무처럼 되어라. 완전히 쓸모없게 되어라. 그러면 아무도 그대들을 해칠 수 없다. 그대들은 크게 자라리라. 수천 명의 사람들이 그대들 아래서 그늘을 발견하리라."

명상하는 사람은 커다란 나무가 된다. 수천 명의 구도자들이 그의 존재 안에서 명상과 축복에 이른다. 붓다, 마하비라, 크리슈나, 카비르, 나나크, 미라와 그 밖에 깨달음을 얻은 많은 신비가들과 현자들이 그런 나무였다. 우주에서 영원히 진동하는 그들의 메시지와 에너지는 오늘날에도 인류에게 도움을 준다.

명상하라, 사랑으로 채워짐을 느껴라

　명상은 사랑과 자각으로 채워진 삶을 사는 방식이다. 명상은 사원으로 가서 서둘러 기도한 후 아무 자각 없이 기계적으로 삶을 사는 것이 아니다. 명상은 행동 하나하나, 사소하고 중요한 행동 하나하나를 의식적으로 하는 것을 의미한다.

　사랑의 특징들과 명상에서 우러나온 행동들은 서로 조화를 이룬다. 오쇼는 말한다. "명상한다면 그대는 사랑을 하게 되리라. 사랑은 그대 존재의 특징이 되리라. 그 사랑은 다른 맛이 나며, 속박을 모른다. 그대는 조건 없이 사랑을 나누고, 그대의 사랑은 그대가 존재하는 방식이 된다."

　오쇼는 일화 하나를 소개한다. 한 하시딕 신비가가 제자들과 함께 여행하고 있었다. 그들은 어느 숙소로 갔다. 아침에 숙소 주인이 차와 아침 식사를 접대했다. 그들이 차를 마시는 동안, 갑자기 그 주인이 신비가의 발에 머리를 조아리고 무아경에 빠진 채 울다가 웃기 시작했다.

제자들은 당황했다. 어떻게 이 남자가 스승을 알아보았을까? 그들의 여행은 비밀에 부쳐졌고, 제자들은 스승의 존재를 아무에게도 알리지 말라는 지시를 받았다. 그 스승은 자신의 존재를 숨긴 채 여행하고 있었다. 누가 이 숙소 주인에게 말했을까? 제자들은 두려웠다. 그들은 서로에게 물었다. 그러나 아무도 말한 적이 없었다. 아무도 그 남자에게 말하지 않았다. 그때 스승이 말했다. "당황하지 말라. 나를 어떻게 알아보았는지 주인에게 직접 물어보아라. 아무도 말하지 않았다. 그런데도 주인은 나를 알아보았다."

그래서 그들은 주인에게 물었다. "우리는 스승을 알아볼 수 없다. 스승이 진정으로 깨달음을 얻었는지도 의심스럽다. 우리는 몇 년간 스승과 함께 살았지만 여전히 의심을 잠재우기가 어렵다. 어떻게 그대는 스승을 알아보았는가?"

주인이 대답했다. "저는 지금껏 수천 명에 달하는 손님들에게 차와 아침 식사와 음식을 접대하였지만, 저는 그토록 깊은 사랑을 담아 찻잔을 바라본 사람을 본 적이 없습니다. 저는 알아볼 수밖에 없었다. 온갖 부류의 사람들이 여기에 들르지만 그렇게 깊은 사랑을 담아, 사랑하는 사람을 바라보는 것같이 찻잔을 바라본 사람은 없었습니다."

오쇼는 이 신비가에게 다른 사람들과 완전히 구별되는 하나의 특징이 있었던 게 분명하다고 말한다. 그는 사랑으로 가득 차 있었다. 그렇지 않고서는 어떻게 그토록 사랑스럽게 찻잔을 바라볼 수 있는가? 찻잔은 찻잔이다. 그대는 찻잔을 사용해야 한다. 그것은 유용한 물건이기 때문이다. 그러나 찻잔을 사랑스럽게 바라보지는 않는다. 사실 그대는 아내를 사랑스럽게 바라보지 않는다. 그대의 아내는 유용한 품목이다. 몇 번 쓰고 버릴 찻잔이다. 그대는 남편을 사랑스럽게 바라보지 않는다. 남편은 하나의 수단이다. 모든 것이 수단이 될 때 사랑은 존재할 수 없다. 오로지 목적이 될 때만 사랑도 존재한다. 그때 찻잔조차 사랑 받을 자격이 주어진다.

생명에 대한 숭배가 비폭력이다

 신은 무엇인가? 현대에 신은 존재와 동격이다. 자이나교의 스물네 번째 티르탕카라[15]인 마하비라의 시대에도 신은 존재로 이해되었다.

 마하비라는 신을 믿지 않았지만, 존재에 대해 이야기했다. 마하비라는 모든 것을 포괄하고 모든 것을 돌보는 것이 존재라고 말했다.

 오쇼는 마하비라의 삶에 대한 아름다운 이야기를 전한다. 한때 마하비라는 제자인 고샬라크와 함께 한 마을에서 다른 마을로 가고 있었다. 마하비라는 제자에게 말했다. "존재에

---

[15] 티르탕카라 Tirthankara: 구원자.

대한 그대의 책임감은 그대가 얼마나 진정한 현실에 도달했는지를 보여준다. 우리는 그대의 진정한 현실을 볼 수 없지만 그대의 책임감은 볼 수 있다."

그들이 걷는 동안 그들은 작은 식물과 마주쳤다. 그때 고샬라크가 그 식물을 뽑아 옆으로 던졌다. 그것은 작은 뿌리가 달린 작은 식물이었다. 마하비라는 고샬라크의 행동을 보자마자 이렇게 말했다. "지금 그대는 무책임한 행동을 했다. 허나 그대가 존재에 불리한 행동을 하더라도 그대의 행동은 존재에 영향을 미치지 못한다. 시도할 수는 있지만 오히려 그대에게 불리해질 뿐이다."

고샬라크가 말했다. "존재가 저에게 무엇을 할 수 있습니까? 저는 이 식물을 뽑았습니다. 이제 존재는 이 식물에 다시 생명을 불어넣을 수 없습니다."

마하비라는 이 말에 그저 웃기만 했다. 그들은 탁발하러 마을에 갔다. 그들이 다시 그 길을 걸을 때였다. 놀랍게도 뿌리째 뽑혔던 그 식물이 다시 땅에 뿌리를 내리고 있었다. 그들이 마을에 머물던 동안 비가 내렸고, 식물의 뿌리가 비의 도움을 받아 땅속으로 다시 들어갔다. 그 뿌리는 매우 작았다. 그때 바람이 불었고, 바람은 그 식물이 다시 설 수 있도록 도왔다.

그들이 그 길을 다시 걸을 무렵, 식물은 원래의 모습으로 회복되어 있었다.

마하비라가 말했다. "이 식물을 보라. 내가 말하지 않았는가? 그대는 존재에 불리한 영향을 전혀 미칠 수 없다. 시도할 수 있으나 그 시도는 오히려 그대를 향할 것이다. 그러한 시도로 인해 그대는 존재와 계속 분리되기 때문이다. 그대는 점점 더 존재로부터 멀어지게 되리라. 이 식물을 보라. 이런 일이 일어나리라고 누가 상상이나 했겠는가? 이 식물은 자신의 삶을 계속 살아갈 것이다. 우리에게는 작은 식물처럼 보이지만 이 식물은 광활한 우주, 거대한 존재, 가장 위대한 힘의 일부다. 이 시점에서 우리의 길은 갈라진다. 나는 존재에 해를 가하고도 아무런 책임감을 느끼지 못하는 자와 함께 살 수 없다."

오쇼는 마하비라의 비폭력 철학이 생명에 대한 숭배 철학으로 잘 표현될 수 있다고 설명한다. 비폭력은 생명에 대한 숭배의 한 부분이다. 사람, 동식물, 존재에 대해 더 큰 책임감을 느낄수록 그대는 스스로 진정한 현실에 도달하고 있음을 느끼며 마음이 편안해질 것이다.

CHAPTER 07

시바와 샤크티

명상에서 오는 힘은 힘으로 오지 않는다. 그대 위에 내리는 꽃과 같이 향기로 온다. 사랑으로 오고, 자비로 온다. 그 힘은 삶의 모든 위대한 특징과 가치가 피어나게 한다. 그 힘은 의식의 봄이다. 모든 것이 갑자기 푸르게 변한다. 모든 것이 시원해진다. 산들바람이 향기로 가득해진다. 그대가 보이지 않는 꽃으로 활짝 피어나고 있기 때문이다. 그러나 마음이 열린 사람들은 분명 그 힘을 느끼리라. 그들은 그 힘의 노래를 느낄 것이다. 그 힘의 춤을 느낄 것이다. ─오쇼

미래는 여성적인 특징에 속한다

무지는 철문을 닫지만 사랑은 철문을 연다.

철문이 열리는 소리는 잠든 아름다운 여인을 깨운다. 카비르는 말한다. "이 기회를 그냥 흘려보내지 말라."

오쇼는 신비가 카비르의 이 시를 설명한다. "철문이 열리는 소리는 잠자는 아름다운 여인을 깨운다. 여기에 상징적인 말들이 있다. 카비르에 의하면 그대의 영혼은 잠자는 여인이다. 여인은 그대의 영혼과 의식을 상징한다. 여성적인 특징들이 진정으로 영적인 특징이기 때문이다. 아름다움은 여성적이다. 정직함은 여성적이다. 진실함은 여성적이다. 그대의 의식 안에 있는 위대한 것은 모두 여성적이다. 심지어 의식이라는 말조차 여성적이다. 물론 영어로는 이 점을 이해하기 어렵다.

단어의 여성성과 남성성을 구분하기가 어렵기 때문이다. 그러나 동양의 언어들에는 단어마다 성의 구별이 있다. 의식, 인식, 삼매[1], 삼보리[2]는 모두 여성적이다. 사랑과 자비를 베푸는 사람에게는 여성적인 아름다움과 우아함이 있다. 남성적인 특징에는 잔인한 면이 있다. 남성적인 특징들은 전사, 투사, 이기주의자, 맹목적 우월주의자, 광신자, 독재자의 것이다. 남성적인 특징들은 나치의 특징이다. 세계에서 독일만 유일하게 '부국fatherland'이라는 말을 쓴다. 다른 나라들은 '모국motherland'이라고 부르지만, 독일만은 예외다. 이제 독일은 그 호칭을 바꿔야 한다. 그들은 '부국'이라는 말을 그만 써야 한다. 그 말은 남성 우월주의를 강하게 드러내기 때문이다."

지금껏 수많은 전쟁이 벌어졌던 주된 이유는 남성성이 지나치게 부각되었기 때문이다. 모든 전쟁을 남성들이 주도했다. 여성들은 전쟁에 거의 참가하지 않았다. 세상은 늘 전쟁을 벌이느라 바쁘다. 우리가 남성적인 특징들을 높이 평가하고 여성적인 특징들을 멸시해왔기 때문이다. 전쟁에 관심이 없는 사람에게는 여자 같다는 꼬리표가 늘 따라다녔다. 남자아이

---

[1] 삼매: 명상의 최고 경지.
[2] 삼보리: 완전한 깨달음의 지혜.

가 울기 시작하면 우리는 이렇게 나무랄 것이다. "왜 계집아이처럼 우는 거냐? 사내다워져야지!" 여성적인 특징들을 비난하는 철학으로 말미암아 이 세상에 그토록 많은 전쟁이 벌어졌다. 이 철학은 남성들 안에 잠자고 있는 공격성과 야만성을 자극했다.

우리는 남자아이들이 자라서 용감한 영웅이 되거나 위대한 남성의 조건들을 갖추길 바란다. 공격적인 남성성을 우대하는 경향은 특히 서양에서 두드러진다.

독일의 철학자 프리드리히 니체는 고타마 붓다를 비난했다. 그 이유는 붓다의 여성적인 우아함과 아름다움 때문이었다. 니체에게 붓다는 매우 여성스러워 보였다. 진정한 남성이란 모름지기 강철처럼 강인하고 단단해야 한다는 것이 니체의 생각이었다. 붓다는 세상에서 가장 자비롭고 점잖은 사람이었고, 세상에서 가장 우아한 사람이었다. 그의 자비로움과 우아함, 아름다움은 본질적으로 여성적인 특징들이며, 동양에서 찬미되고 숭배되어온 특징들이다. 니체는 고타마 붓다의 가르침 또한 비난했다. 니체는 그 가르침들이 인류에게 해가 되기 때문에 그의 가르침을 인정할 수 없다고 말했다. 니체는 사람들이 붓다의 가르침을 믿는다면 전 세계가 여성스럽게 변할 것이라고 경고했다. 니체는 언제나 목숨을 바쳐 적들을 죽일 각오가 되어 있는 전사와 군인을 숭배했다. 전쟁터로 향하는 군대의 우렁찬 행군 소리만이 니체의 귀에는 진정한 음악이었다.

이 철학이 히틀러를 낳았다. 니체의 철학을 따른다면 더 많은 전쟁을 경험하게 될 것이고, 평화를 기대하기는 더 어려워질 것이다. 세상의 평화를 원한다면 세상에 여성성을 부여해 좀 더 균형 잡힌 세상으로 만들어야 하리라.

오쇼는 말한다. "모든 위대한 특징들이 여성적이다. 사랑, 자비, 공감, 친절함이 그러하다. 이러한 특징들은 모두 여성적인 멋이 있다. 우리는 지금껏 머리에만 지나친 의미를 부여한 반면 가슴을 무시했다. 가슴이 원하는 것에 전혀 관심이 없었기 때문에 삶은 이토록 불행해졌다. 머리는 감정의 시, 정서, 미소, 눈물, 웃음을 메마르게 했고, 우리 삶을 지루하게 만들었다. 우정은 세상에서 사라지고 있다. 우리 머리가 지나치게 계산적이기 때문이다. 머리는 인색하고 빈틈없다. 거대한 콘크리트 숲을 창조했다. 인간은 이제 하늘을 올려다보며 구름과 춤추고 비를 맞으며 즐거워할 시간이 없다. 가슴은 노래 부르길 원하지만, 머리는 사회에 대해 생각하고 다른 사람들이 우리에 대해 무슨 말을 할지 걱정한다. 머리는 건전함이라는 명분으로 우리를 너무 심각하게 만들었다. 이 불행한 삶에 균형을 되찾아주기 위해서는 사랑과 감정이라는 여성적인 광기가 어느 정도 필요하다. 이 여성적인 광기가 니체의 남성적인 광기보다 훨씬 낫다. 여성들에게 기회를 주어라. 비폭력은 매우 자연스럽게 새 천년의 종교가 될 것이다. 새 천년에는 삶에 대한 시각과 가치관이 완전히 새로워져야 한다. 여성들은 남성들에게 여성성을 부여하는 의미 있는 역할을 할 것이다. 여성들은 평화를 위해 여성적인 힘을 사용할 것이다. 머리와 가슴이 명상 속에서 조화를 이루게 하라. 이 세상에 새로운 '존재'를 창조하라."

오쇼는 『순간의 번득임*A Sudden Clash of Thunder*』에서 이렇게 말한다. "신은 아버지보다 어머니에 가깝다. 신은 그 무엇보다 자궁에 가깝다. 우리는 신에게서 태어나고 신으로 돌아가 녹아든다. 신은 우리의 탄생이며, 신은 우리의 죽음이다. 신은 바다와 같다. 신은 우리를 '물결치게' 한다. 우리는 신의 물결이 된다. 신은 우리를 흡수한다. 우리는 사라진다. 신은 자비다. 신은 사랑이다. 신의 특징들은 모두 여성적이다."

양극단의 결합

운 좋게도 우리가 사는 동안 아름다운 일들이 일어나고 있다. 2004년 6월 8일, 현대인들은 지금껏 본 적 없는 매우 진기한 광경을 하늘에서 목격할 수 있었다. 금성이 태양을 가로질러 통과하는 금성일식이 일어난 것이다. 1882년 이후 122년 만의 일이다.

---

3 시바Shiva: 힌두교 신화에 나오는 신. 원래는 부와 행복, 길조를 의미하는 신이었으나 나중에 창조와 파괴의 신이 된다.
4 샤크티Shakti: 시바 신의 배우자로 활동, 창조, 생식 등을 의미. 여성 에너지를 세계 창조의 원천으로 믿어 왔다. 탄트라에 의하면 시바 신은 순수 정신이며 비인격이며 무활동성이다. 시바는 샤크티와 결합했을 때 비로소 창조 활동을 할 수 있다고 한다.
5 나타라즈Nataraj: 모든 생명체에 기와 에너지를 넣어주는 의식.
6 파르바티Parvati: 시바의 첫 부인인 샤크티의 환생이라고 하며, 파괴적인 여신들인 칼리와 두르가와 동일시 되곤 한다.

이 현상이 인간에게 무엇을 의미하는가? 그것은 시바[3]와 샤크티[4]가 순간적으로(우주에서 시간의 척도는 지구와 같지 않다. 순간이 영원 그 이상일 수 있다) 추는 나타라즈[5] 춤과 같다. 태양은 시바 혹은 남성이다. 금성은 여신 파르바티[6] 혹은 샤크티다. 그것은 하늘에서 이루어지는 그들의 상호작용이다. 샤크티인 금성은 시바인 태양을 가릴 만큼 강력하다. 점성학적으로 볼 때, 그것은 인간들의 성생활에서 중요한 의미가 있다.

아일랜드의 점성가 프랭크 맥낼리는 말한다. "금성이 태양 앞면을 가로질러 통과하는 금성일식은 우리에게 좋은 소식과 나쁜 소식을 전한다. 육안으로 관측할 때 시력에 심각한 문제가 생길 수 있는가 하면, 그 광경을 목격하면 더 나은 성생활을 누릴 수 있다."

이 우주는 유기적인 현상이다. 내적인 연결이 있다. 지구의 가장 작은 풀잎조차 가장 먼, 보이지 않는 별과 연결되어 있다. 이러한 존재들은 우리에게 긍정적인, 혹은 부정적인 방식들로 영향을 미친다. 우리는 심지어 무의미한 것들에도 영향을 받기 때문에 그것은 자연스러운 일이다. 앞을 지나가는 개나 주위를 어슬렁거리는 고양이도 우리 안에서 무언가를 유발한다. 우리는 진동하는 세상에서 산다.

존재 안에서, 모든 것은 계속 진동한다. 우리는 모든 것과 진동하고 있다. 이것은 우주의 심장 박동이다. 음과 양, 낮과 밤, 시바와 샤크티, 남성과 여성처럼 양극단의 조화다. 서로 떨어져 있을 때 서로 만나 하나로 합쳐지고 싶은 갈망이다.

실질적으로 그들은 서로 분리되어 있지 않다. 다만 그렇게 보일 뿐이다. 금성일식은 진기하고 강력하다. 여성은 금성에서 왔다고 우리는 모두 알고 있다. www.astrology.com이라는 웹 사이트에 따르면, 그 행성이 태양과 나란히 할 때, '근원적 생명력인 사랑, 여성적 에너지, 조화, 여신의 본질과 결합된다.' 그러한 현상은 사랑의 돌파구에서부터 '인간 의식의 위대한 변화'에 이르는 모든 것을 약속한다. 그러한 순간에 명상한다면, 완전한 깨달음을 얻게 될지도 모른다. 남성과 여성의 만남은 외부 세계에 한정되지 않는다. 더 깊은 만남은 내부에서 이루어진다. 내면 깊숙한 곳에서 우리는 남성이면서 여성이기 때문이다.

현대 심리학 특히 융 학파는 남성이 양성적이며 여성도 그러하다는 전제를 바탕으로 한다. 그대의 의식이 남성이라면 그대의 무의식은 여성일 것이다.

그러나 처음에 내면의 만남을 도모하기는 처음에 어렵다. 그 만남은 눈에 보이지 않기 때문이다. 그러므로 눈에 보이는 것부터 시작해 교훈을 얻어라. 외부의 여성, 외부의 남성과 만나라. 그런 다음 내면을 살피며 양극성을 찾아라. 내면의 남성과 여성이 만나는 날, 그대는 깨달음을 얻으리라.

외부의 남성 혹은 여성에 대해 풍부하고 다채롭게 경험하고 달콤함과 신랄함, 아름다움과 추함을 알지 못한다면 그대는 내적인 차원으로 이동할 수 없으리라. 그대 안에서 시바와 샤크티는 만날 수 없을 것이다. 그 만남은 정말 중요한 순간이다. 바로 그때, 그대는 비로소 신이 되기 때문이다.

크리슈나의 여성적인 면

 우리는 라다[7] 없는 크리슈나를 상상할 수 없다. 어떤 사람들은 라다가 역사적인 인물이 아니라고 믿는다. 실존 인물이든 아니든, 라다는 영적이다. 중요한 것은 라다라는 말이 하나의 은유라는 점이다.

 라다는 하나의 은유로서 매우 아름답고 독특하다. 영적 구도자들이나 헌신자들에게 라다라는 말의 의미는 매우 깊다. 라다는 다라와 반대되는 차원이다. 다라는 바다에서 흘러온 개울을 의미한다.

 신 혹은 진실에 대한 추구는 우리의 원천이자 근원에 대한

---

7 라다Radha: 힌두교의 2대(二大神) 신의 하나이며, 인도 신화에 나오는 크리슈나의 연인.

추구다!

오쇼는 설명한다. "강이 바다를 향해 흐를 때, 발원지에서 목적지로 흐를 때, 이를 산스크리트어로 '다라'라고 부른다. 강이 거꾸로 흐를 수 있다면, 바다를 향해서가 아니라 발원지를 향해 흐를 수 있다면, 이를 '라다'라고 한다. '다라'를 뒤집으면 '라다'가 된다. 라다는 우리가 오고 있는 곳에서 그 기원을 찾기 시작하는 자를 의미한다. 기원에 도달하기 위한 유일한 방법은 존재의 연인이 되는 것이다."

힌두인들은 크리슈나를 신의 완벽한 화신으로 숭배한다. 크리슈나는 자기 자신 안에 모든 것을, 서로 모순되는 모든 것을 흡수한다. 크리슈나는 피리를 연주하고 수천 명의 고피들과 함께 춤추는 가장 열정적인 연인이며, 전쟁터에서는 불안이나 두려움 없이 삶의 가장 숭고한 지혜를 나눈다. 간단히 말해 크리슈나는 모든 존재를 나타낸다. 그의 연인 라다는 그와 열정적으로 사랑을 나누고 그의 외침에 귀 기울이며 그를 향해 달려가는 자를 의미한다.

바다 없이는 개울이 있을 수 없다. 크리슈나 없이는 라다가 있을 수 없다. 바다는 개울 없이도 그곳에 있을 수 있다. 크리슈나는 라다 없이도 그곳에 있을 수 있다. 그러나 이 신의 완벽한 화신은 라다 없이 완전히 완벽하다고 볼 수 없다. 라다 없이는 완벽한 크리슈나를 상상할 수 없다. 라다는 매우 중요한 무언가를 크리슈나의 완벽성에 더한다. 그리하여 크리슈나는 더욱 완벽해진다. 크리슈나와 함께하는 라다의 존재는 영원한 사랑, 존재의 마하라스, 남녀 관계의 상호작용을 창조한다.

오쇼는 말한다. "라다는 크리슈나의 부드러움과 우아함을 구성한다. 크리슈나 안에 있는 섬세함과 고상함은 무엇이든 라다에게서 온다. 라다는 그의 노래이자 춤이자 그의 안에 있는 여성스러움의 전부다. 라다 없는 크리슈나는 철저한 남성이다. 따라서 크리슈나의 이름만을 언급하는 것은 아무 의미가 없다. 그렇기 때문에 둘은 결합하여 하나가 된다. 그들은 라다 크리슈나가 된다. 삶의 양극단이 라다 크리슈나에서 만나 합쳐진다. 그리고 크리슈나의 완전함을 더한다."

CHAPTER 08

관계

붓다처럼 장터 속으로 걸어가라. 세상에서 살라……. 세상은 그대를 풍요롭게 하리라. 관계는 그대를 비추는 거울이 되기 때문이다. 모든 관계는 거울과 같다. 그대는 다른 존재의 거울 속에서 그대의 얼굴을 본다. 자신의 얼굴을 직접 보기란 매우 어렵다. 그대는 자신의 얼굴을 보기 위해 다른 사람, 즉 거울이 필요할 것이다. 다른 사람의 눈보다 더 좋은 거울을 어디에서 발견할 수 있을까? ─오쇼

아버지와 아들의 관계

한때 나는 스와미 카필이라고 하는 산야신 친구 집을 방문했다. 한창 이야기를 나누고 있을 때, 카필의 아버지가 안으로 들어왔다. 나는 전에 한번도 그의 아버지를 본 적이 없었다. 그래서 카필이 아버지에게 나를 소개한 뒤 이렇게 말했다. "여기 이분은 나의 '생물학적 아버지'예요." 나는 그 말을 듣고 당황했지만, 카필은 이런 식으로 아버지를 소개하는 것이 아무렇지도 않은 듯 보였다. 그의 아버지 또한 언짢은 기색을 보이지 않았다. 일부러 내색하지 않는 것인지도 모른다.

20년 전 일이지만, 이 일은 여전히 기억 속에 생생하다. 그 말이 내게는 매우 이상하게 들렸기 때문이다. 틀린 말은 아니었지만, 아버지에 대한 존경심이 드러나 있지 않다는 느낌이

든다.

 아들은 어린 시절 자신을 늘 지배하려고 했던 아버지에게 존경심을 느끼지 못한다. 그런 연유로 아버지의 날이 만들어졌다. 즉, 아들들의 마음 깊숙이 내재된 죄의식에서 이날의 기원을 찾을 수 있다. 가엾은 아버지! 그는 자녀들을 위해 매우 많은 일을 하지만, 우리는 아버지와 사이에서 끊임없이 일어나는 갈등을 자주 목격하게 된다.

 오쇼는 위대한 러시아 소설가 투르게네프에 대해 말한다. 그는 『아버지와 아들』이라는 걸작을 썼다. 이 책은 아버지와 아들의 갈등에 관한 것이다. 아버지는 아들이 자신과 판박이가 되길 원한다. 그래서 아들에게 어떠한 자유도 허용하지 않는다. 아버지는 아들에게서 복종을 기대하고, 아들이 자신처럼 되길 기대한다.

 투르게네프는 이 책에서 말하기를, 아버지와 아들의 관계는 갈등의 연속이다. 그들 사이에는 갈등의 고리 말고는 어떠한 연결 고리도 없다. 아들은 아버지의 합법적인 계승자다. 따라서 늘 아버지를 제거하는 일에 몰두한다. 아들은 아버지가 자리에서 어서 물러나주기를 바란다. 아들은 아버지가 모든 가정 문제를 독단적으로 처리하는 것이 못마땅하다. 결국 참을 수 없는 지경에 이르면, 아들은 분노를 이기지 못하고 아버지를 죽인다.

이 상황을 심리적인 관점에서 본다면 우리는 놀라운 진실과 마주하게 된다.

지그문트 프로이트는 이 주제에 대해 많은 연구를 했다. 인간들이 신을 아버지로 숭배하는 까닭은 그들이 태고 때 독단적인 아버지를 자기 손으로 죽였기 때문이라고 프로이트는 말한다. 역사적으로 볼 때도 이는 잘 알려진 사실이다. 많은 왕들이 아들들에게 죽임을 당했다. 문제는 아들이 왕위 계승을 기다리다 인내에 한계를 느낄 정도로 왕이 장수했다는 데 있다. 성년이 되었지만 결국 왕이 되지도 못하고 죽을 거라고 생각한 아들에게는 한 가지 가능성만 남는다. 아버지를 죽이는 것이다. 많은 아들들이 왕위를 차지하기 위해 아버지들을 투옥시켰다. 아버지가 자연사로 세상을 떠날 가능성이 없어 보였기 때문이다. 적어도 그들이 왕의 특권을 누리며 살 수 있는 시간이 많아 보이지 않았다! 아버지가 죽고 왕위를 물려받을 때 자신의 나이가 75세 혹은 80세라면 지배자가 된들 무슨 의미가 있을까? 1~2년 안에 세상을 떠날지도 모르는데 말이다.

오쇼는 과거 어느 때에 인간이 아버지를 죽여야 했고, 그 때문에 죄의식을 느낀다는 프로이트의 심리학적 통찰력을 높이 평가한다. 그 죄의식으로 말미암아 인간은 조상들을, 아버지들을, 노인들을 숭배하기 시작했다. 이러한 존경심은 인간의 마음 깊숙이 내재된 죄의식에서 비롯되었다. 인간은 신을 아버지로 창조하고 사원을 짓고, 상을 만들고, 기도하는 성직자들, 숭배하는 신도들을 만들기 시작했다. 종교의 모든 극적 사건 이면에서 프로이트는 오직 한 가지 사실만을 발견한다. 과거 어느 때에 인간은 아버지에게 용서 받을 수 없는 죄를 저질렀다. 아마도 아버지를 살해했을 것이다. 속죄하기 위한 유일한 방법은 기도하는 것이다. 신을 아버지로, 조물주로 만드는 것이다. 이 모든 가설은…… 매우 독창적인 통찰력을 내포한다.

노자는 말한다. "아들에게 아버지 말을 따르도록 강요할수록 아들은 아버지 말을 더욱 거스를 것이다."

노자의 말은 옳았다. 지난 5,000년 동안, 아들이 아버지에게 복종하도록 만들려는 시도에도 불구하고 둘 사이에 갈등만 깊어졌을 뿐이다. 아들은 아버지에게 절을 하는 동안에도 자신이 상속 받을 재산을 계산한다. 부자 아버지를 둔 아들은 아버지의 죽음을 슬퍼하지 않는다고 한다. 그들은 슬퍼하기는커녕 오히려 행복해할 것이다. 왕들은 아들들의 손에 죽임을 당했던 것으로 알려져 있다. 세상은 속임과 조작, 계산으로 들끓는다.

아들이 아버지 말에 무조건 따라야 할 필요는 없다. 사실 아들이 아버지 생각에 반대하는 것이 훨씬 더 좋은 일인지도 모른다. 그래야 발전이 있기 때문이다. 모든 자녀가 아버지 말에 복종한다면 발전은 없을 것이다. 아버지는 그 아버지 말에 복종했을 것이고, 그렇다면 모두가 신이 아담과 이브를 내쫓았던 곳, 에덴동산 밖에서 벌거벗은 채 그곳을 떠나지 못하고 있을 테니 말이다. 아들들이 아버지들을, 조상들을, 그들의 전통을 거역했기 때문에 인간은 계속 발전할 수 있었다.

이 모든 발전은 과거를 거스른 대가다.

그대의 이웃과 그대의 적을 사랑하라

 인도에는 디왈리라는 축제가 있다. 화려함과 볼거리로 가득한 빛의 축제다. 집집마다 등불을 밝히고 전등으로 치장하기 때문에 형형색색의 빛이 보는 이의 눈을 현혹한다. 게다가 한 걸음 내디딜 때마다 갖가지 종류의 폭죽 터지는 소리가 귀청을 때린다. 아이들은 요란한 폭죽 소리에 즐거워하며, 지나가는 노인들 근처에 폭죽을 터뜨리는 장난을 치기도 해서 노인들을 놀라게 한다.

 성숙한 지성인들이 보기에 이 불꽃놀이와 폭죽 소리는 민폐이자 소음이자 공해다. 그동안 많은 사람들이 폭죽에 맞아 다치거나 목숨을 잃었기 때문에 건전하지도 않고 매우 위험하다. 그러나 이 행사는 해마다 계속되었고 앞으로도 그럴 것이다. 특히 덩치 크고 부유한 집안의 아이들이 위험한 디왈리를 즐긴다. 이 아이들은 가난한 동네에 사는 사람들에게 폭죽을 던진다. 가난한 사람들에게 어둠과 죽음을 불러옴으로써 자신의 삶에 환한 빛이 들 것이라고 생각하기 때문이다. 그러나 그들은 깨닫지 못한다. 때때로 그러한 고통이 방향을 틀어 자신들에게 향하리라는 걸. 훨씬 더 큰 고통이 고통을 준 자들을 엄습하리라는 걸.

삶에는 불가사의한 규칙과 지혜가 있다. 적이 친구보다 그대를 더 많이 변화시킨다. 적과 싸우면 그대도 적처럼 된다. 누구든 그대의 친구로 선택할 수 있지만 적을 선택할 때는 매우 신중해야 한다. 적과 싸우는 동안 그대도 그와 같이 되기 때문이다.

오쇼는 예수의 매우 의미 있고 통찰력 있는 메시지를 우리에게 전한다.

예수는 말한다. "네 이웃을 네 자신처럼 사랑하라." 되풀이해서 말한다. 예수는 또한 말한다. "네 적을 네 자신처럼 사랑하라." 이 두 문장을 분석한다면, 이웃과 적이 언제나 같은 사람이라는 걸 알게 될 것이다. "네 이웃을 네 자신처럼 사랑하라"와 "네 적을 네 자신처럼 사랑하라", 여기서 예수가 의미하는 바는 무엇인가?

예수가 의미하는 바는, 자비와 사랑에 어떠한 장벽도 만들지 말라는 것이다. 자신을 사랑하듯, 모든 존재를 사랑하라. 궁극적으로 볼 때 모든 존재는 그대 자신이기 때문이다. 그들은 그대를 비추는 거울이다. 많은 거울에 반사되는 것은 그대다. 그대와 분리되지 않은 그대다. 그대의 이웃은 그대의 한 형태일 뿐이다. 그대의 적 또한 그대의 한 형태다. 그대가 무엇과, 혹은 누구와 마주치든, 그대가 마주치는 것은 자신이다. 그대는 이 현상을 인정하지 않을지도 모른다. 그대의 의식이 깨어 있지 않기 때문이다. 그대는 상대에게서 자신을 볼 수 없을지 모르지만, 그대의 시력에 문제가 있거나, 두 눈에 무슨 문제가 있는 것이다.

 오쇼의 말에 따르면, 자비는 건강에 도움이 된다. 명상은 자비로 이어지고 미움과 증오를 넘어서게 한다. "자비는 내면의 공기를 정화한다. 갑자기 모든 것이 청명하고 아름다워진다. 이제 어떤 것도 그대를 괴롭히지 못한다. 모든 존재는 그대의 친구가 된다. 더 이상 적은 없다……. 분노에 찬 눈으로 볼 때 누군가는 그대의 적이 되지만, 자비의 눈으로 볼 때 모두가 친구이자 이웃이기 때문이다. 그대가 사랑할 때 어디에든 신이 있다. 그대가 미워할 때 어디에든 악마가 있다. 현실에 투영되는 것은 그대의 관점이다."

다만 사랑하라

 어느 날 한 제자가 오쇼에게 물었다. "동양에서는 오직 한 사람과 계속 사랑할 것을 강조하지만, 서양에서는 많은 사람들이 자유롭게 상대를 바꿔가며 사랑을 합니다. 스승님은 어느 쪽이 더 낫다고 보십니까?"

 오쇼는 대답했다. "사랑하라."

 나에게 묻는다면 나는 이렇게 대답할 것이다. 진심으로 사랑하라. 상대가 몇 명인지는 중요하지 않다. 중요한 것은 그대가 진심으로 사랑하는가 하는 것이다. 사랑하지도 않는 사람과 함께 산다면 죄를 지으며 사는 것이다. 사랑 없이 결혼한 배우자와 성관계를 가진다면 사랑을 기만하는 죄를 저지르는 것이다……. 사랑은 신이다. 그대는 사회적 편의를 위해 사랑을 기만하고 있다. 사랑하지 않는 것은 한 여자를 강간하는 것만큼 나쁘다. 그대가 그녀를 사랑하지 않고 그녀가 그대를 사랑하지 않기 때문에 그것은 죄다. 그대가 함께 사는 여자를 사랑하지 않는다면, 그것은 범죄이며, 단지 사회적으로 용납되는 강간인 것만은 분명하다.

  그대가 한 사람을 진심으로 사랑한다면 그 사람과 함께 사는 것이 가장 아름다운 일이다. 그 관계 속에서 친밀감이 자라기 때문이다. 그러나 사랑이 없을 가능성이 99퍼센트다. 사랑이 없는데도 그저 함께 사는 것이다.

  그대가 사랑하는 사람과 함께 산다면 친밀감은 자랄 것이다. 그때 사랑은 더욱 놀라운 비밀을 그대에게 전해줄 것이다. 그러나 상대를 바꾼다면 그럴 가능성은 없다. 나무 한 그루를 이곳에서 저곳으로 옮겨 심는 것과 같다. 그러면 뿌리는 자라지 않는다. 친밀감이 자라는 가운데 한 사람과 사랑을 유지하는 것은 아름다운 일이지만 사랑이 필요하다. 서양인들은 상대를 자주 바꾸며 사랑한다. 두 가지 방식 모두 사랑을 죽인다. 동양인들은 더는 사랑하지 않으면서도 그 사람과의 관계를 쉽게 끝내지 못한다. 서양인들은 오직 한 사람과 사랑을 지속하길 두려워한다. 그래서 상대에게 헌신적이 되기 전에 상대를 바꾼다.

나는 사랑을 지지한다. 서로 사랑하는 관계는 더없이 아름답다. 사랑이 지속되는 한, 가능한 한 그 사랑에 깊이 헌신하라. 그 관계에 몰입하라. 사랑이 그대를 변화시킬 것이다. 그러나 사랑이 없다면 상대를 바꾸어야 한다.

그러나 차를 바꾸듯 상대를 바꾸는 일에 중독되지 말라. 새로운 여자를 만난다고 해서 큰 차이는 없다. 남자가 남자이듯, 여자는 여자다. 각 여성은 모든 여성을 대표하며, 각 남성은 모든 남성을 대표한다. 차이는 피상적이다. 코가 더 길거나 짧고, 머리카락이 금색이거나 검은색이라는 차이는 중요하지 않다. 중요한 것은 여성 혹은 남성의 에너지다. 사랑이 거기에 있다면 그 사랑을 잡으라. 사랑이 자랄 기회를 주라. 그렇지 않다면 상대를 바꾸라.

고해실에서 한 젊은 부인이 신부에게 피임약에 대해 물었다. 신부가 대답했다. "그것을 사용해서는 안 됩니다. 신의 율법에 반대되는 일입니다. 물 한 잔을 드십시오."

"전이요, 아니면 후요?" 부인이 물었다.

"그 대신이요!" 신부가 대답했다. 그대는 동양의 방식과 서양의 방식 중 어느 것에 따라야 할지 묻는다. 둘 다 아니다. 대신 신성한 방식을 따르라. 진심으로 사랑하라.

조화롭게 살라

인간과 인간의 마음은 복잡한 현상이다. 심리학자들은 그동안 이 현상을 이해하려고 노력했지만, 인간의 전체적인 의식을 간파하려면 깨달음을 얻은 마음이 필요하다. 『신비가의 길 *the Path of the Mystic*』에서 오쇼는 다음과 같이 신비로운 진실을 말한다. "우리는 우리를 서로 연결해주는, 눈에 보이지 않는 힘의 네트워크 속에서 살고 있다. 그래서 무언가가 한 사람에게 일어날 때마다 그것이 다른 사람들을 진동시킨다. 서로 멀리 떨어져 있다 해도 많은 사람들에게 일어난다면 진동은 매우 강해진다. 진동이 눈에 보이는 통신 수단 없이도 한 섬에서 다른 섬으로, 한 대륙에서 다른 대륙으로 퍼질 수 있다."

알버트 아인슈타인은 한때 이런 질문을 받았다. 그가 상대성 이론을 발견하지 못했다면 다른 누가 그것을 발견했을 것이라고 생각하냐는가? 아인슈타인은 대답했다. "내가 발견하지 못했다면 다른 누가 했을 것이다. 다만 내가 빨랐을 뿐이다." 나중에 알려진 바에 따르면, 독일의 한 물리학자가 이미 그 이론의 결론에 도달했지만 아인슈타인보다 발표를 늦게 했다. 일본의 한 과학자도 똑같은 주제로 연구했고, 연구가 완성될 단계에 있었다. 그러나 세상 반대편에서 무슨 일이 일어나고 있는지 전혀 알지 못했다. 그도 그럴 것이 영어나 독일어를 몰랐기 때문에 알 수 있는 가능성이 없었다. 그러나 그 과학자 또한 같은 결론에 도달했다. 그에게 남은 것은 최종 점검뿐이었다.

어떤 일이 일어날 때마다 한 사람에게만 일어나지 않는다. 파동이 생긴다. 그 파동의 영향을 받는 사람이면 누구든, 필요한 역량과 지성을 갖춘 사람이면 누구든, 같은 아이디어를 떠올릴 것이다. 발견은 오로지 한 개인에게만 달려 있지 않다. 그런데도 한 사람만 이름을 날리는 것은 그 발견을 맨 처음 세상에 알렸기 때문이다. 물론 전문 분야이기 때문에 모두가 그것을 발견할 수는 없을 것이다. 그러나 그 분야에 몸을 담은 많은 사람들이 있고, 비슷한 분야에 종사하는 사람들도 있다. 특정한 파동이 지구를 둘러싼다면 많은 사람이 그 파동의 영향을 받을 것이다.

오쇼는 우리가 할 수 있는 간단한 실험 하나를 소개한다. "두 개의 방에 각각 한 사람씩 앉는다. 한 방에는 그대가, 다른 방에는 그대와 서로 사랑하고 신뢰하는 사람이 앉는다. 두 사람 모두 가만히 앉아 10분간 침묵한다. 그런 다음 한 사람이 상자 안에서 카드 한 장을 뽑은 후 '첫 번째 카드를 뽑았다. 이제 당신이 뽑을 차례다'라는 신호로 문을 두드린다. 이제 상대가 카드를 뽑을 차례다. 그는 침묵한 채 옆방에서 일어나는 일에 마음을 열고 파장을 맞춘다. 이런 식으로 한 사람씩 10장의 카드를 뽑는다. 둘 다 감수성이 예민하다면 적어도 7장의 카드가 같을 것이다. 이 숫자는 최소한도다. 카드 10장이 모두 같을 수도 있다. 3장의 카드만 같다면, 실험을 몇 번 더 해보라. 그러면 같은 카드를 뽑을 확률은 높아진다. 물론 다른 실험도 있다. 그림을 그려보라. 상대도 같은 그림을 그릴 것이다. 눈에 보이는 통신 수단을 매개로 하지 않아도 그대의 마음이 상대에게 전해질 것이다. 상대를 바꿔보라. 같은 그림을 그릴 확률이 더 높다면 서로의 마음이 같은 파장에서 작용하고 있다는 의미다. 둘이 함께 살기로 결정하기 전에 서로의 마음이 하나의 파장에 맞춰지는지 점검해볼 필요가 있다. 70퍼센트 정도는 맞아야 함께 살 만한 가치가 있다. 그렇지 않다면 서로를 위해 지옥을 창조하지 말라. 서로 사랑하라. 서로를 용서하라."

그러나 함께 살기 전에 서로를 위한 파장을 조율할 수 있다. 서로 맞지 않는다고 굳이 법원에 갈 필요는 없다. 판사가 무엇을 대신 해줄 수 있을 거라고 기대하는가?

이러한 부분은 대학 교육 과정에 포함되어야 한다. 서로에게 파장을 맞추기 위해 조율하는 방법을 찾고 더욱 효과적으로 조율하도록 돕는 과목이 있어야 한다. 서로의 파장이 전혀 맞지 않다면 그 관계를 오래 지속하기란 어렵다. 그대는 훗날 문제를 겪게 될 것이다. 서로 사랑한다면…… 사랑하지 말라. 두 사람의 관계가 악화되기 전에 작별을 고하는 편이 낫다.

먼저 10명의 사람들과 한 집에서 시도해보라. 같은 파장을 발견한다면 그 파장이 주위에 미치도록 하라. 모두가 같은 시간에 실험을 해야 한다. 결과는 같을 것이다. 거리는 중요하지 않으므로 확률 또한 같을 것이다.

CHAPTER 09

붓다

명상은 꽃이다. 명상은 뿌리가 있다. 명상은 그대 안에 뿌리를 내린다. 자비가 생길 때 뿌리는 없어진다. 자비는 움직일 뿐이며 계속 움직인다. 붓다는 사라졌다. 그러나 붓다의 자비는 사라지지 않았다. 꽃은 조만간 생명을 다할 것이다. 꽃은 흙의 일부가 되고 먼지는 먼지로 돌아갈 것이다. 그러나 사방에 퍼진 꽃향기는 영원하리라. 붓다는 사라졌다. 예수도 사라졌다. 그러나 그들의 향기는 사라지지 않았다. 그들의 자비는 여전히 계속되며, 그 자비를 느낄 수 있는 사람은 누구든 직접 그 영향을 받으리라. 그것이 커다란 영감이 되어 그들은 새로운 여행, 새로운 순례의 길을 떠날 것이다. —오쇼

붓다 : 깨달음의 만월

여름날 보름달이 뜰 때면 세상은 고타마 붓다의 탄신일을 축하한다. 고타마 붓다는 보름달 밤에 태어나 보름달 밤에 깨달음을 얻은 후 보름달 밤에 완전한 열반에 들어 육신을 떠났다. 붓다는 깨달음의 만월이다. 실은 붓다가 탄생한지 2500년이 지난 지금, 붓다의 깨달음과 붓다는 실질적으로 동격이 되었다.

고타마 붓다 이전에도 실로 많은 현자들과 신비가들이 있었다. 그러나 '붓다(깨달은 사람)'라는 명칭과 동일시되는 사람은 오직 고타마 붓다뿐이다. 고타마 붓다에게는 특별한 무언가가 있다. 그는 보리수 아래서 깨달음을 얻었을 뿐 아니라 그 스스로 깨달음의 거대한 나무가 되었다. 수천 개의 가지가 뻗어 있는 그 나무는 구도자들이 깨달음을 얻도록 인도한다.

붓다는 깨달음의 바다가 되었다. 이 무한한 원천으로 인해 흐르기 시작했던 개울이 수백 개에 이른다. 그때 이후로 수천 명의 불교의 선 스승들이 나타났다. 그들은 모두 붓다에 뿌리를 두었다.

붓다는 신에 대해 어떤 설교도 하지 않았다. 실제로 붓다는 신이라는 진부한 말을 쓰길 원치 않았다. 그 자신은 '바그완', 곧 축복받은 자로 불리었다. 오스카 와일드가 말하기를, 붓다는 가장 신적이지 않으면서 가장 신적이다.

붓다는 자신을 우상처럼 숭배하지 말라고 했다. 그러나 붓다의 불상은 세계 도처에서 발견된다. 일본에 있는 절 한 곳을 보더라도 약 1만 개에 달하는 불상들이 있다. 그러나 이 모든 상들은 깨달음의 다양한 표현과 구현일 뿐, 다른 의미는 없다. 이 예술적 표현들은 숭배가 아닌 명상을 위한 것이다. 사람들은 그전에 명상을 통해 깨달음을 얻은 얼굴을 실제로 본 적이 없었다. 붓다는 인격화된 명상이 되었다.

붓다의 빛나는 얼굴은 내면에 숨겨진 본얼굴, 보리(깨달음의 지혜)를 일깨운다. 붓다의 얼굴은 영성을 실현하길 원한다면 외부의 신을 잊고 내면에 있는 붓다를 기억하라고 일깨운다.

붓다가 설파하는 바는 완전히 역설적인 한편 완전히 유일무

이하다. 오쇼는 붓다의 설파를 "종교 없는 종교, 곧 종교가 아닌 종교성"이라고 부른다.

오쇼는 붓다에 대해 말한다. "나는 고타마 붓다를 사랑한다. 붓다는 종교의 본질적인 핵심을 보여주기 때문이다. 붓다는 이 세상에서 완전히 다른 성격의 종교를 창시했다. 붓다는 종교 없는 종교의 창시자다. 붓다는 종교가 아닌 종교성을 설파했다. 이는 인간 의식의 역사에서 매우 근본적인 변화다."

붓다는 궁극적인 해방자다. 종교를 자유롭게 해방시켜 종교에 새로운 출발과 신선한 삶을 부여했다. 붓다의 종교성은 2500년이 지난 오늘날에도 생명력과 젊음으로 약동한다.

붓다는 우리와 동시대인이 아니었다. 붓다와 동시대인이 되기 위해 세상은 더욱 발전해야 한다. 붓다는 여전히 우리를 앞질러 있다. 우리가 붓다와 동시대인이 되기 위해서는 의식을 높여야 한다. 우리는 스스로 깨달음을 얻은 사람, 곧 붓다가 되어야 한다. 그때 비로소 붓다와 동시대인이라고 생각할 수 있다. 우리는 명상해야 하고 우리 의식을 붓다의 수준으로 높여야 할 것이다. 붓다는 깨달음의 길에 오른 우리 모두를 위한 빛이다.

오쇼는 가장 위대한 선 스승인 보리달마에 대한 강연에서 이렇게 말한다. "기억하라. '붓다'는 개인의 이름이 아니다. '붓다'는 깨달은 사람을 의미한다. 의식을 깨우고 깨달음을 얻은 사람은 누구나 붓다가 된다. 그대 또한 붓다다. 다만 그대가 자각하지 못한 것이다. 그대는 아직 내면을 들여다보고 붓다를 발견하지 못했다. 그대를 이루는 생명의 원천은 오로지 깨달음이다."

붓다의 메시지

 과학 지식에도 전통이 있다. 오쇼는 우리에게 이 전통에 대해 말한다. "과학적 진실은 일단 밝혀지면 모두의 재산이 된다. 알버트 아인슈타인은 상대성 이론을 발견하기 위해 13년간 열심히 연구했다. 이제 우리는 몇 시간 안에 그 이론에 대해 설명한 글을 모두 읽을 수 있다. 상대성 이론을 다시 발견할 필요가 없는 것이다. 에디슨은 최초의 백열전구를 발명하기 위해 3년 넘게 연구를 계속했다. 이제 우리는 백열전구를 계속 생산할 수 있다. 전구를 생산하는 데 에디슨은 필요치 않다. 평범한 노동자들은 전구에 대해 전혀 알지 못하면서도 전구와 관련된 일을 할 수 있다."

 위대한 발견이나 발명을 한 사람들은 결코 수십억을 벌어들이지 않았다. 모든 발명과 발견은 전 세계 사람들에게 선사하는 선물이었다. 『요가수트라[1]』에서 설명하는 완전한 건강에 대한 지식은 아무 조건이나 제약 없이 전 세계에 널리 전파되었다. 시바는 탄트라[2]의 112가지 수행법을 전했고, 세상은 저작권이나 특허권에 구애하지 않고 이 내적 지식의 은혜를 입었다.

동양에서는 과학과 지식의 영역에서 오는 것은 무엇이든 그 원천이 개방되어야 한다고 믿는다. 누구나 지식의 샘에서 자유롭게 물을 마실 수 있도록 말이다. 지식은 자유롭게 하는 현상이다. 우파니샤드는 전한다. '지식은 자유롭게 하는 것이다.' 진정한 지식은 우주의 본질에 관한 것이고, 전 인류의 자유를 위한 것이다.

오쇼는 한때 말했다. "나는 그대가 뉴턴, 에디슨, 에딩턴, 러더퍼드, 아인슈타인으로 인해 더 풍요로운 삶을 살기를 바란다. 나는 또한 그대가 붓다, 크리슈나, 예수 그리스도, 모하메드를 통해 더 풍요로운 삶을 살길 바란다. 그대는 두 가지 차원에서 동시에 풍요로워질 수 있으며, 외적인 풍요와 내적

---

[1] 요가수트라Yoga sutras: 인도의 힌두교 사상가 파탄잘리가 엮은 책으로, 요가의 수련 과정을 8단계로 체계화함.
[2] 탄트라Tantra: 밀의적 수행법을 다룬 다양한 종류의 경전들.

인 풍요를 동시에 누릴 수 있다. 과학은 멀리 갈수록 좋다. 그러나 충분히 멀리까지는 가지 않는다. 그럴 수가 없다. 충분히 멀리 갈 수 있는데도 그렇게 하지 않는다는 말이 아니다. 과학은 결코 존재의 내면으로 갈 수 없다. 과학의 방법론 때문에 과학은 내면 안으로 들어갈 수 없다. 외부에서만 그 영역을 확대할 수 있다. 과학은 오직 객관적인 실재를 연구할 수 있다. 주관적인 것은 탐구할 수 없다. 그것은 종교의 역할이다.

사회는 과학이 필요하고, 종교가 필요하다. 무엇이 더 우선하는지 내게 묻는다면 나는 과학이 우선이라고 말하겠다. 외부가 우선이다. 그다음이 내부다. 내부는 훨씬 더 섬세하고 정교하기 때문이다. 과학은 종교가 지구상에 존재할 수 있는 진정한 공간을 창조할 수 있다."

지식에 대해 오쇼는 우파니샤드의 선언을 인용한다. '지식은 자유롭게 하는 것이다' 이것이 지식의 가장 근원적인 정의다. 이것은 지식의 정의이자 기준이다.

오쇼는 지식의 저작권을 반대한다. "사물에는 판권이 있을 수 있지만 생각에는 판권이 있을 수 없다. 분명 명상에는 판권이 있을 수 없다. 명상은 장터를 위한 것이 아니다. 1만 년 동안 동양은 명상을 해왔다. 그러나 아무도 명상에 대한 판권을 주장하지 않았다."

고타마 붓다의 생일은 '석가탄신일'로 인도에서 경축된다. 붓다는 위파사나 수행법을 전 세계에 선물한, 인류의 자비로운 친구였다. 그러니 명상과 함께 생일이 아닌 날에도 그의 생일을 축하하자. 그리고 내적 지식과 외적 지식에는 완전한 자유가 있어야 함을 전 세계에 일깨우자.

진정한 성전聖戰

 그들의 임무는 죽이는 것이다. 그들은 다른 사람들을 죽인다. 그들은 그들 자신을 죽인다. 그들의 말에 따르면, 그들은 자신들이 믿는 종교를 위해 살인을 저지르며 그것을 지하드(성전)라고 부른다!

 그들의 지하드는 끝나지 않는다. 자신을 위해 옳은 것이 남들을 위해서도 옳다고 생각하고 믿기 시작한 후, 그 지하드는 지금까지도 계속되고 있다. 이 믿음은 독선적인 태도와 자신들의 종교가 다른 종교들보다 신성하다는 우월감을 불러일으켰다. 이 믿음을 공유하지 않는 자들은 죄인 혹은 카피어[3]가 된다. 그들은 살 자격이 없기 때문에 제거되어야 한다. 이 성전은 특정 종교에만 국한되지 않는다. 이성이 배제된 믿음만을 가르치는 모든 종교에서 성전이 성행했고, 또 성행하고 있다.

그래서 성전에는 두 가지 종류가 있다. 하나는 믿음의 성전이고, 다른 하나는 이성의 성전이다. 나는 후자를 위해 더 적합한 말을 알고 있다. 그것은 바로 의식의 성전이다. 모든 존재에게 있는 의식을 볼 수 있고, 모두를 위해 자비를 베푸는 것이 의식의 성전이다. 모든 생명, 모든 형태의 생명을 숭배하는 성전이다. 이 성전은 죽이는 것과 아무 관계가 없다. 대신 생명을 구하고 숭배하는 것이다. 스스로 변화하기 위한 이 성전은 자기 자신을 정화하는 개인적인 차원에서 시작된다. 이는 다른 사람들을 향한 사악한 생각과 사악한 의지를 모두 없애는 데서 시작된다. 이 성전은 영혼의 영역에서 일어난다는 점에서 믿음의 성전과 구별된다. 이슬람교의 신비주의자인 수피교도는 이 성전을 지하둔-나프라고 부르는데, 악의 영향을 받은 영혼을 정화하기 위한 내밀한 투쟁을 의미한다. 죄로 물든 영혼을 깨끗이 씻기 위한 투쟁을 의미한다. 이것이야말로 스스로 변화하기 위한 진정한 성전이다. 그 밖에 다른 모든 성전은 어리석다.

오쇼는 성전이라는 명목 아래 사람들을 마구 죽이던 한 산

---

3 카피어Kafir: 이슬람교도가 비이슬람교도를 비하하여 칭하는 말.

적의 이야기를 들려준다. 그는 앙굴리말이라고 알려져 있었다. 이 잔인한 살인자는 사람들을 죽인 다음 손가락을 잘라 그것들로 왕관처럼 만들어 쓸 정도로 악명이 높았다. 아무도 그의 진짜 이름을 몰랐다. 고타마 붓다는 그자가 사람들을 약탈하고 죽이던 바로 그 숲을 향해 걸어가고 있었다. 제자들이 붓다가 그 길로 가려는 것을 만류했다. 그자가 100명을 죽이겠다고 선언했기 때문이다. 그는 벌써 99명을 죽였고, 이제 단 한 사람의 목숨만 남았다. 자기 어머니가 지나가는 걸 보았다면 어머니라도 죽였을 것이다.

붓다는 말했다. "그대가 이 이야기를 하지 않았다면 나는 다른 길로 갔을지도 모른다. 그러나 그자가 오직 한 사람의 목숨을 기다리고 있고 아무도, 심지어 그의 어머니조차 그 길을 가려고 하지 않는다는 사실을 안 이상, 내가 가지 않는다면 그의 맹세는 어떻게 되겠는가? 나는 언젠가 죽을 것이다. 그러니 그자가 자신의 맹세를 지킬 수 있게 하겠다. 또 누가 아는가? 그자가 나를 죽일지, 아니면 내가 그자를 죽일지."

앙굴리말은 고타마 붓다가 오는 모습을 보았다. 그는 이 남자가 누구인지 몰랐지만 남자의 모습에서 아름다운 무언가를 느꼈다. 남자의 모습에는 즐거움, 평화, 고요함이 있었다. 붓다가 그 앞에 섰을 때 그는 붓다에게 말했다. "가시오. 나는 위험한 사람이오. 당신은 나에 대해 모르는 것 같군. 그렇게 순수한 얼굴을 하고 있다니. 나는 앙굴리말이요! 노란 옷을 입고 머리를 밀었으니 당신은 산야신인가 보군. 이상하게도 당신에게는 전에 없던 동정심이 생겨나는군. 당신에게 기회를 한 번 주겠소. 나는 다른 사람의 목숨을 기다릴 테니 왔던 길로 돌아가시오. 그러나 안 가겠다면 한 발짝이라도 앞으로 오는 순간 나는 당신을 죽일 거요."

붓다가 물었다. "그대는 나를 아는가? 그대가 그렇게 선언한다면, 나도 선언하겠다. 나는 돌아가지 않을 것이다. 나를 죽여라!"

그자는 칼을 뽑았으나 칼을 쥔 손이 떨리고 있었다. 붓다가 말했다. "무엇이 문제인가? 왜 그런 식으로 칼을 잡나? 정말 검객이 맞나? 손이 떨고 있군! 그만 떠는 게 어떻겠나? 손을 떨고 있으니 약해 보이기밖에 더하겠는가? 그대는 충분히 강해야 한다. 나는 어떻게 그대가 그렇게 많은 사람을 죽였는지 놀랍고 궁금할 따름이다."

앙굴리말이 말했다. "이런 적은 처음이오. 내 심장이 빠르게 고동치고 숨이 가빠지고 손이 떨리고 있소. 내게 무슨 짓을 한 거요? 당신은 마법사인가?"

붓다가 대답했다. "그것은 사실이다. 나 또한 내 방식대로 그대를 죽이려 하고 있다! 그러나 나는 그대를 육체적으로 죽이지 않는다. 나는 그대를 심리적으로 죽일 것이다! 그러니 그대는 그대의 임무를 완수하라. 내 일에는 신경 쓰지 말라. 나는 계속 내 일을 할 것이니 그대도 그대 일을 계속하라. 그러나 내 몸을 찌르기 전에 그대가 나를 위해 해야 할 일이 하나 있다. 이것은 죽어가는 사람의 마지막 소원이다. 저 나무에서 나뭇잎 몇 개를 자를 수 있는가?"

나무 위에는 나뭇잎들이 매달려 있었다. 앙굴리말은 작은 가지를 잘라 붓다에게 건넸다. 붓다가 말했다. "좋다. 반은 했으니, 이제 나머지 반을 할 차례다. 이 가지를 나무에 다시 이으라. 그리고 나를 죽여라."

앙굴리말이 외쳤다. "미쳤소! 어떻게 잘린 가지를 나무에 다시 이으라는 거요?"

붓다가 대답했다. "가지를 자르는 건 어린아이도 할 수 있는 일이다. 중요한 것은 그 가지를 나무에 다시 잇는 것이다. 파괴는 매우 쉽다. 창조는 매우 어렵고도 위대한 일이다. 그대는 어른인가, 아이인가?"

앙굴리말은 수치스러운 마음에 머리를 조아렸다. 붓다가 말했다. "그대가 그 점을 충분히 이해할 수 있다면 더 이상 문제될 것은 없다. 나는 기꺼이 그대 손에 죽겠다. 어서 나를 죽여라."

 앙굴리말은 칼을 떨어뜨리고 붓다의 발 앞에 몸을 납작 엎드렸다. "제가 당신을 죽일 수 있기 전에 당신이 절 죽였습니다. 당신이 옳습니다. 파괴는 모두가 할 수 있습니다. 이제 저에게 창조하는 법을 가르쳐주십시오."

 진정한 성전은 정화, 창조, 자비다.

그대가 하는 일을 숭배하라

인도 출신의 호방하고 거침없는 성격인 보리달마가 중국으로 건너갔을 때, 그의 도착을 환영하는 음악이 울려 퍼지는 가운데 중국 황제가 직접 마중 나와 보리달마를 맞았다. 보리달마의 이름과 명성은 중국에까지 자자했고, 사람들은 붓다의 제자인 보리달마의 모습을 직접 보기를 고대했다. 황제는 보리달마를 환영하는 큰 축제를 벌였다. 자신 또한 종교적인 사람이라는 인상을 강하게 심어주고 싶었기 때문이다. 축제가 끝난 후 황제가 달마에게 물었다. "대사께서 내 질문에 답을 해주었으면 한다. 나는 수많은 불교 사원을 지었고, 승려들이 편안히 명상할 수 있도록 경제적 지원을 아끼지 않았다. 내 공덕이 어떠한가?"

달마가 대답했다. "황제는 지옥에 떨어질 것입니다. 황제가 한 행동으로 구원에 이르게 할 수는 없습니다."

황제는 당황했다. 사실 그는 진정한 현자들이 어떻게 행동하는지 몰랐다. 그저 돈과 권력 있는 자들을 쫓는 승려들만을 보았을 뿐이다. 그 두 부류는 서로를 이용한다. 평범한 승려들 그리고 현자라고 사칭하는 자들은 자신들을 따르는 사람들에게 자신들의 위대성을 과시하기 위해 부유하고 권력 있는 자들에게 빌붙어 인정받길 원한다. 한편, 부유한 자들은 자신들의 사회적 지위를 계속 유지하기 위해 승려들이 별다른 불만 없이 지내주기를 바란다.

보리달마는 황제에게 큰 충격을 주었으나, 그의 통찰력 있는 말이야말로 황제가 진정한 명상에 이르도록 올바른 길로 안내했다.

창조적인 사람들은 늘 국가나 국외에서 주는 온갖 종류의 상들을 받길 원한다. 그러나 그들 중 극소수만이 상을 받는다. 상을 받지 못한 나머지 사람들은 좌절감을 느낀다. 그러나 그들이 깨닫지 못하는 것이 있다. 창조적이라는 것, 그 자체가 바로 창조적인 것에 대한 대가다.

오쇼는 말한다. "이 존재를 제외하면 나를 위한 신은 없다.

이 존재는 더없이 아름다워서 그대가 사랑하는 일을 숭배할 수밖에 없다. 일을 숭배하는 동안 일하는 행위자는 없고 오직 숭배만 남는다. 그대의 정원에 도랑을 파고 사랑하는 사람들을 위해 음식을 만드는 등 그대가 일에 완전히 몰입할 때 자아와 자아의 그림자조차 더 이상 남지 않게 된다. 그때 비로소 그대가 바로 그대의 일이 된다. 나는 숭배가 그대의 일상 그 자체가 되길 원한다. 일은 존재에 관한 것이 되어야 한다. 그러면 교회나 시나고그(유대교 회당)에 갈 필요가 없다."

쾌락주의의 진정한 정신

 오쇼는 세상을 떠나기 전, 새 천년을 맞아 '새로운 인간형'을 제시했다. 오쇼가 자주 쓰던 표현은 '조르바 붓다'였다. 조르바는 니코스 카잔차키스의 소설 『그리스인 조르바』에 등장하는 주인공 이름이다.

 소설 속 조르바의 삶은 단순하다. 불안과 죄책감, 선악에 대한 고민 없이 육체적 즐거움만을 추구한다. 조르바는 세속적인 즐거움을 누리는 삶을 대변한다. 붓다는 내적인 즐거움을 누리는 삶을 대변한다.

 오쇼가 제안한 새로운 인간형에는 이 두 가지 특징이 한데 어우러져 있다. 오쇼에게는 내면과 외면이 둘이 아니다. 내면은 외면의 안이고, 외면은 내면의 밖이다.

오쇼는 말했다. "육체도 영혼만큼 즐거움을 누려야 한다. 육체는 육체만의 아름다움과 힘이 있다. 의식은 의식만의 세계와 고요, 평화, 환희가 있다. 이 둘 사이에 마음의 영역이 있다. 마음의 영역은 물질적인 것과 영적인 것을 모두 포함한다. 시인은 물질주의자와 정신주의자 사이에 있다. 그의 시는 양극단을 포함한다. 나는 그 세 가지 영역이 하나의 단일체가 되기를 바란다."

오쇼는 그 '새로운 인간'을 성스러운 인간으로 정의한다. 그는 완전하다. 분리되어 있거나 정신분열에 시달리지 않는다. 오쇼는 제자들에게 이 '새로운 인간형'을 널리 전파하라고 말했다. "우리는 볼 수 있는 눈과 들을 수 있는 귀와 명쾌한 대안을 이해할 수 있는 지성을 갖춘 모두에게 이 인간형을 전파해야 한다. 이제 그대는 전에 없던 새로운 종류의 종교성을 창조한다. 세속적이고 육체적이지만, 영혼을 거스르기보다 영적인 것과 조화를 이룬다. '조르바 붓다'가 내가 의미하는 완전한 모델이다."

육체적 즐거움을 마음껏 누리고 육체의 지혜를 가치 있게 여기는 인간, 마음을 매우 섬세하고 중요한 메카니즘으로 여기는 인간, 마음에 머무르지 않고 그 너머에 있는 신성함의 영역, 거룩함의 영역에 이르고자 하는 인간……. 이러한 유형의 인간을 창조하기 위해 새로운 세대를 가르치는 모든 사람들이 노력해야 한다.

오쇼는 이렇게 말한다.

"교육자들, 언론인들, 영적 스승들, 과거보다 더 나은 인간형을 창조하는 일에 관여하는 모든 사람들은 거부감 없이 인간의 완전함을 받아들여야 한다."

조르바 붓다는 멋진 신세계를 위한 새로운 의식의 문을 연다. 그리고 인류가 조화를 이루는 데 방해가 되었던 모든 갈등과 대립을 종식시키려 한다. 한편에 오쇼의 조르바 붓다가 있다면, 다른 한편에 과거의 인간이 있다. 그는 종교, 정치, 국가, 인종에 걸쳐 차별을 두고 온갖 종류의 어리석음을 드러낸다. 반면, 조르바 붓다는 새로운 인간형의 시작이다. 온전히 자기 자신이 되어 자신의 본성을 꽃피우는 인간이다.

조르바와 붓다 사이에 갈등은 없다. 그 갈등은 소위 종교들이 일으켰다. 그대의 몸과 영혼 사이에 갈등이 있는가? 그대의 생명과 의식 사이에 갈등이 있는가? 그대의 오른손과 왼손 사이에 갈등이 있는가? 모두가 하나의 유기체 속에서 하나다.

그대의 몸은 비난 받을 대상이 아니다. 오히려 그대는 몸을 감사히 여겨야 한다. 몸은 가장 위대하고 놀라운 현상이기 때문이다. 몸의 기능은 믿을 수 없을 정도로 신비롭다. 몸은 아무런 갈등 없이 내면과 늘 조화를 이룬다. 그대의 영혼 또한 그대의 몸과 대립하지 않는다. 몸이 집이라면, 영혼은 그대의 손님이다. 손님과 주인이 계속 싸울 필요가 없다. 그대가 자신과 싸우지 않을 때 종교는 존재하지 않는다.

오쇼는 이렇게 말한다.

"더 이상 물질주의가 정신주의에 반하지 않도록 지구상의 모든 종교를 파괴하는 것이 내가 그대의 유기체를 위해 주장하는 바다. 그대의 몸과 영혼이 함께 손잡고 움직이기 시작할 때, 함께 춤추기 시작할 때, 그대는 조르바 붓다가 된다. 그때 그대는 이 삶의 모든 것을, 외부에 있는 모든 것을 즐길 수 있다. 그대는 그대 안에 있는 모든 것 또한 즐길 수 있다."

오쇼의 '새로운 인간'은 완전히 새로운 삶의 접근 방식을 보여준다. 그는 사랑과 웃음, 명상, 변화, 창조, 자비가 함께 어우러져 서로 분리되지 않는 삶을 산다. 그는 매 순간 깨어 있는 의식과 완전한 기쁨으로 산다. 그는 매 순간 삶의 즙을 모조리 짜 마신다.

오쇼는 영성에 새로운 차원을 더한다. "나는 '영적인 쾌락주의'라는 표현을 쓰겠다. 사람들은 보통 쾌락주의를 대단히 세속적이라고 생각하기 때문이다. '먹고 마시고 즐겨라.' 이것은 세속적인 쾌락주의다. 영적인 쾌락주의에는 하나가 더 있다. '먹고 마시고 즐겨라'에 '신'이 더해진다. 종교가 살아 있을 때 영적인 쾌락주의는 늘 존재한다. 종교가 죽을 때 쾌락주의는 완전히 사라지고 종교는 인간이 즐길 수 있는 모든 것을 적대시한다. 오직 새로운 종교만이, 지금 막 태어나서 신선하고 독창적인 종교만이 진정으로 축복할 수 있다. 그때 축복은 종교와 어우러진다. 종교는 사랑할 수 있고, 믿을 수 있고, 즐길 수 있다."

CHAPTER 10

스승과 신비가

삶에서는 깊이와 높이 사이에 균형이 필요하다. 나는 그대에게 동시에 두 가지를 가르친다. 명상의 중심으로 들어갈 때 그대는 우주 속에 더 깊게 뿌리 내린다. 그 중심에서 붓다를 데려오는 것은 그대의 향기를, 우아함을, 환희를 하늘에서 꽃피울 수 있는 곳으로 더 높게 보내는 것이다.

그대의 환희는 그 높이를 향한 움직임이고, 그대의 명상은 그 깊이를 향한 움직임이다. 그대가 이 두 가지를 완성할 때 그대의 삶은 축복이 된다. 그대의 삶이 슬픔에서 축복으로 변하게 하는 것, 이것이 나의 일이다. —오쇼

구루

인도에서는 7월 보름날인 아사드 푸르니마를 구루 푸르니마로 기념한다. 그날에 모든 제자들이 모여 구루은 대한 감사를 표한다. 이것은 인도만의 독특한 행사다. 구루와 제자의 관계는 선생과 제자의 형식적인 관계와 거리가 멀다. 선생은 학생들에게 지식을 전수하는 대가로 돈을 받는다. 구루는 제자들에게 지식만을 전수하지 않는다. 자신의 존재와 깨달음을 제자들과 공유한다. 제자들은 구루의 존재 속에서 살며 삶의 더 깊은 의미를 배운다. 구루는 말로써 가르칠 필요가 없다. 자신의 삶을 통해 그들을 깨달음으로 이끈다. 따라서 선생은 구루가 받는 사랑과 존경을 똑같이 받을 수 없다. 선생은 그럴 자격이 없다. 선생들은 학생들이 선생에게 제대로 보이지 않는다고 불평하곤한다. 존경은 강제로 요구할 수 있는 것이 아니다. 가슴에서 자연스럽게 우러나오는 것이다. 선생이 구루와 같다면 자연스럽게 존경 받을 수 있다. 그뿐 아니라 제자들은 그를 사랑하고 그에게 헌신할 것이다. 제자는 구루에게 헌신적이기 때문에 구루를 위해 기꺼이 자신의 목숨도 희생할 수 있다. 물론 진정한 구루는 어떤 희생도 바라지 않는다. 구루는 자신의 존재, 사랑, 빛을 제자들과 아무 조건 없이 나눈다.

'구루Guru'라는 말에는 다음과 같이 중요한 의미가 담겨 있다. '구'는 어둠을 의미하고 '루'는 물리치는 자를 의미한다. 어둠을 물리치는 자가 그대의 구루다. 구루와 살기 위해 필요한 가장 기본적인 요건은 명상이다. 명상은 호흡을 연습하는 운동이 아니다. 명상은 삶의 한 방식이다. 명상은 사람들이 시달리는 모든 사회적 병을 치료해주는 약이다. '명상meditation'과 '약medicine'의 어원이 같은 이유는 바로 여기에 있다. 구루는 제자들에게 명상의 약을 주며 그들을 건강하게 만든다. 오쇼는 건강에 대해 이렇게 설명한다. 건강을 뜻하는 산스크리트어는 '스와스타swastha'다. '스와swa'는 자신을 의미하고, '스타stha'는 뿌리를 내린다는 의미다. 자기 안에 뿌리를 내릴 때 그대는 건강해진다. 그대가 자신과 연결되지 못할 때 그대는 아프다. 명상은 그대를 자신과 다시 이어주어 그대를 건강하게 만든다. 그래서 명상을 약이라고 부를 수 있다. 그대에게 이 약을 주는 사람이 진정한 구루인 사드구루다. 신비가 카비르는 신보다 사드구루에게 더 큰 존경심을 보인다.

 오쇼는 말한다. "어느 날 카비르가 집에 돌아왔을 때의 일이다. 집에 들어선 순간 신과 마주친 카비르는 매우 당황했다. 구루가 신과 함께 거기에 서 있었기 때문이었다. 카비르는 누구에게 먼저 절을 해야 할지 생각했다. 신이 먼저인가, 구루가 먼저인가? 그때 카비르는 구루의 발 앞에 몸을 엎드려 절하며 말했다. '스승님이 계시지 않았다면, 저는 신을 알지 못했을 것입니다. 그래서 제게는 스승님이 먼저입니다. 스승님을 통해 저는 신을 알았습니다. 그래서 스승님이 먼저입니다. 신은 기다릴 수 있습니다. 스승님이 계시지 않았다면 저를 위한 신은 없었기 때문입니다. 신이 현실이 된 것은 오로지 스승님을 통해서입니다. 그래서 스승님께 먼저 절을 드리겠습니다.'"

 카비르는 말한다. "구루는 말로 형용하기 힘든 위대함이다. 그의 위대함은 제자의 큰 재산이다." 수백만 명의 사람이 있지만 그중 극소수만이 구도자가 된다. 수천 명의 구도자가 있다지만 그중 극소수만이 제자가 된다. 제자가 되는 것은 귀한 특권이다. 제자가 될 때 비로소 스승과 연결되기 때문이다. 그때 그대의 운명은 홀로 있지 않다. 그대의 운명은 스승과 연결되어 있다.

진리를 추구하기 위한 내면의 여행은 이미 진리를 터득한 스승의 도움으로 시작된다.

어둠 속을 헤매며 길을 안내해줄 누군가를 찾는 제자를 위해 스승은 깨달음의 등불을 밝힌다. 그러한 스승을 발견하는 것은 진정한 축복이자 은총이다. 내면의 여행의 절반은 그러한 스승을 만남으로써 완성된다. 나머지 절반은 깨달음의 결실을 맺어 스스로 스승이 됨으로써 완성된다.

누군가가 오쇼에게 묻는다. "당신은 누구입니까?"

오쇼는 대답한다. "나는 초대하는 자다. 여기저기를 헤매며 간절히 집을 찾고 싶어 하는 모두를 초대한다."

진정한 깨달음을 얻은 스승은 계급이나 피부색, 종교를 따지지 않고 모든 제자를 받아들인다. 그는 모두를 환영하며, 진리에 목말라 있는 그들에게 지혜와 사랑과 자비의 강물을 마시게 한다. 강이 물을 마실 자격을 따지지 않듯이, 아무런 대가 없이 모두에게 물을 준다. 강은 흐를 뿐이다. 깨달음을 얻은 스승도 마찬가지다. 그는 삶의 무한한 원천과 하나가 되었다. 스승은 자신의 빛을 나눔으로써 어떤 것도 잃지 않는다. 오히려 더욱 다채로운 존재가 된다. 그의 제자들 또한 깨달음을 얻을 때, 이때 스승의 진정한 깨달음은 증명된다.

벵골의 바울 신비가들은 계속 노래한다. "오라, 사랑하는 이여, 내게 오라."

오쇼는 그들이 계속 더 많은 이들을 초대하고 있다고 말한다. 사랑은 개방, 포용, 환영, 초대이며, "나는 준비되어 있다. 어서 오라"라고 말하는 것이다.

스승은 주최자다. 그는 아무도 거부하지 않는다. 진정한 스승은 어느 누구도 거부하지 않는다. 그들은 그럴 수 없다. 그들이 사람들을 거부하기 시작하면 희망은 없다. 오랜 여행에 지치고 뜨겁게 내리쬐는 뙤약볕에 지친 그대가 그늘진 나무 아래로 갔을 때 나무가 그대를 거부한다면? 나무가 그대에게 안식처를 주지 않는다. 나무가 그대를 쉬게 하지 않는다. 그러나 그런 일은 일어나지 않는다. 나무는 늘 그대에게 안식처를, 그늘을, 과일을, 꽃을, 향기를 베풀 준비가 되어 있다.

변화를 위한 신비로운 방법

 사람들은 흔히 종교와 도덕을 같은 것으로 이해한다. 그러나 실제로 이 두 가지는 동떨어져 있다. 종교적인 사람이 도덕적일지는 몰라도 도덕적인 사람이 반드시 종교적인 것은 아니다. 종교성은 도덕성보다 우위에 있다.

 오쇼는 말한다. "진정으로 종교적인 사람은 도덕적이려고 애쓰지 않는다. 그의 도덕성은 의식에서 나온다. 일부러 올바르게 행동하려고 하지 않으며, 일부러 나쁜 행동을 삼가려고도 하지 않는다. 의식에서 우러 나온 행동을 할 뿐이다. 그가 무엇을 하든 그 행동은 옳다."

 오쇼는 인도의 위대한 신비가 나가르주나[1]에 대해 말한다. 여왕은 나가르주나를 사랑했다. 하루는 여왕이 나가르주나를 궁으로 초대해 그에게 한 가지 부탁을 했다. "나는 그대의 발우²를 가지고 싶다." 나가르주나는 선뜻 그것을 주었다. 대신 여왕은 금으로 장식된 발우를 나가르주나에게 주며 말했다. "이제 그대는 그것을 가져라. 나는 그대의 발우를 소중히 여길 것이다."

나가르주나가 여느 평범한 신비가였다면, 이렇게 말했을 것이다. "나는 이 금발우를 받을 수 없다. 나는 속세와 인연을 끊은 몸이다." 그러나 나가르주나에게 그것은 똑같은 그릇이었기에, 그는 그 발우를 받았다.

나가르주나가 궁을 떠났을 때 한 도둑이 그 금발우를 보고 그를 미행했다. 도둑은 무척 기뻤다. '저자는 곧 잠이 들겠지. 그때 그릇을 훔쳐야겠다.' 나가르주나는 문밖으로 그 그릇을 던지며 생각했다. '기다리게 할 필요가 뭐 있나?'

'아니, 저토록 귀한 것을 저리 쉽게 버리다니!' 도둑은 나가르주나에게 고마움을 표하지 않고는 떠날 수 없었다. 그래서 그의 집 안을 슬쩍 들여다보며 말했다. "선생님, 부디 제 고마움을 받아주십시오. 저는 선생님 같은 분을 두 번 다시 못 볼

---

1 나가르주나Nagarjuna(150?~250?): 용수(龍樹). 초기 대승불교(大乘佛敎)사상을 연구하고 그 기초를 확립하여 8종(八宗)의 조사(祖師)로 불린다. 일체의 것이 독립적으로 존재할 수 없으며 공의 입장에서 보는 중도적 입장을 취했기 때문에 후세에 중관파(中觀派)라고도 불렸다. 주요 저서에《중론》,《회쟁론(廻諍論)》등이 있다.
2 발우鉢盂: 탁발할 때 사용하는 그릇(보시기). 동냥그릇.

것 같습니다. 제가 안으로 들어가 선생님의 발을 만져도 되겠습니까?"

나가르주나는 웃으며 말했다. "그렇게 하라. 내가 그릇을 던진 이유가 바로 그것이다."

도둑은 나가르주나의 발을 만졌을 때, 신성함을 느꼈다. 도둑이 나가르주나에게 물었다. "얼마나 많은 생을 거쳐야 저도 선생님처럼 될 수 있습니까?"

나가르주나가 대답했다. "많은 생이라고? 많은 생은 필요 없다. 오늘 그렇게 될 수 있다. 지금 그렇게 될 수 있다!" 도둑은 나가르주나의 제자가 되었다.

진정한 신비가들은 신비한 방법들로 범죄자들의 냉혹한 마음조차 변화시킬 수 있다.

변화의 연금술

의식이 결여된 분노는 파괴적인 힘, 자멸적인 힘이며, 그대에게 고통을 주어 서서히 죽게 만드는 독이다. 의식이 있는 분노는 자비로 바뀐다. 그대 얼굴에 번쩍임이 나타나지만, 그것은 분노가 아닌 자비에서 비롯된 것이다.

"몸 안에서 같은 피가 흐르고 같은 화학반응이 일어난다. 그러나 새로운 이질적 요소가 몸 안으로 들어가면 전체적인 화학반응이 달라진다." 오쇼는 이렇게 말하며, 우리 내면의 모든 병을 치료해주는 만병통치약을 소개한다. 그것은 무엇인가? 바로 명상이다.

우리에게 이 명상의 약을 주는 사람은 현자, 선각자, 신비가, 깨달은 자 혹은 사드구루다. 붓다와 나나크가 구루를 바이디야[3]라고 표현하는 이유가 이 때문이다. 구루는 내면세계의 바이디야다. 구루는 내면의 변환을 꾀하는 연금술사다. 그는 비금속을 금으로 변환하는 법을 안다. 즉, 분노와 탐욕의 거친 에너지를 사랑과 자비의 섬세한 에너지로 바꾼다. 이 과정에서 우리는 몸 안에 있는 이질적인 것을 제거한다.

우리의 의식, 차이타니아[4], 아트만[5]은 진정한 자아다. 그 밖에 다른 것은 모두 이질적이다. 진정한 자아를 실현하기 위해서는 비금속인 분노, 질투, 증오, 탐욕, 폭력을 넘어서야 한다. 우리는 의식을 지배하고 억누르는 모든 이질적 요소들을 제거해야 한다. 그렇지 않으면 의식은 깊은 잠에서 깨어나지 못한다.

오쇼는 설명한다. "무의식과 함께할 때 그대는 비금속이다. 의식과 함께할 때 그대는 금이 되리라. 그대는 변화하리라. 의식의 번쩍임만이 필요하다. 다른 것은 필요하지 않다. 모든 것이 거기에 있다. 의식의 번쩍임으로 새로운 배열이 일어난

---

[3] 바이디야Vaidya: 의사.
[4] 차이타니아Chaitanya: 근본적이며 충만한 신성한 의식. 만트라와 관련해서 쓰일 때는 정신을 무의식적으로 명상적인 평온상태로 끌어가는 상태를 말함.
[5] 아트만Atman: 인도 철학에서 중요한 개념으로 원래는 '기식(氣息)'을 의미하였으나 '생기(生氣)', '신체', 그 밖에 '자신'의 뜻한다. 철학적 개념으로서는 '자아', '개인아(個人我)', '영혼', 나아가서는 '본체(本體)', '만물 속에 내재하는 영묘한 힘'을 의미한다.

다. 그대는 다른 것은 아무것도 필요하지 않다. 이 점을 명심하라. 붓다가 되기 위해 필요한 모든 것이 그대에게 있다. 단 한 가지 빠진 것이 있다면 그것은 의식의 번쩍임이다. 의식은 그대 안에서 빠르게 잠들었다. 그대는 의식을 깨워야 한다. 의식을 깨우기 위한 약간의 노력이, 의식을 더 뚜렷하게 만들기 위한 약간의 노력이 필요할 뿐이다."

종교적인 사람이 되는 비결

 깨달음을 얻은 신비가 크리슈나무르티는 다음과 같이 의미 있는 말을 남겼다. "그대가 세상이다."

 이 말은 모든 현자들이 남긴 말 가운데 가장 빛나는 통찰력을 발휘한다. 이 말은 우리 자신과 삶을 완전히 변화시킬 수 있다. 이 말은 우리에게 존엄성과 개인성을 되찾아주고, 우리를 책임감 있는 인간으로 만든다.

 우리가 주위에 일어나는 모든 일에 책임감을 느낄 정도로 충분히 성숙할 때, 비로소 우리는 자신을 개인이라고 부를 수 있다. 이것이 기본적인 영적 접근이다.

 우리가 사는 세상은 어떤 면에서 자신의 창조물이다. 그 세상이 보기 싫고 폭력적이라면, 혹은 아름답다면 그 또한 모두 우리의 창조물이다.

오쇼는 한 설교에서 말한다. "수백만 명에 이르는 개인들이 같은 분노, 같은 증오, 같은 경쟁, 같은 폭력에 가담했기 때문에 그것들은 거대해졌다. 그대는 책임감을 느끼지 않을지 모른다. '내가 얼마나 영향을 미쳤겠어…….' 그러나 바다는 수없이 많은 이슬방울로 이루어졌다. 이슬방울 하나하나는 바다에 책임감을 느끼지 않을지 모르나 이슬방울은 책임이 있다. 바다는 오로지 이름뿐이다. 실재는 이슬방울에 있다.

한 수피교의 시인이 이렇게 말했다. 'Main katra hi sahi, mera vajood to hai(내가 물방울이라 한들 어떠랴. 나는 존재한다)!' 이슬방울은 바다가 지닌 모든 신비로움을 지닌다. 또 다른 맥락에서 신비가 카비르는 말한다. 'Bund samana samaund mein(이슬방울은 바다 전체를 나타낸다)!'

아무리 작은 세상이라도 변화를 위한 모든 씨앗은 그대에게 있다. 그대가 발전한다면 온 세상이 발전한다. 세상을 바꾸고 싶다면 처음부터 세상을 바꾸려고 하지 말라. 사회를 바꾸고 경제 구조를 바꾸는 것은 인류가 지금껏 따라온 그릇된 방식이다. 이것을 바꾸고 저것을 바꾼다. 그러나 정작 개인은 바꾸지 않는다. 그래서 발전을 위한 모든 시도가 실패로 끝났다. 오로지 한 가지 시도만 성공할 수 있다. 그러나 이는 지금까지 누구도 시도하지 않았다. 그것이 개인의 발전이다. 그대는 자신을 바꾼다. 세상을 지옥으로 만드는 어떤 것에도 가담하지 않도록 주의하라. 세상을 천국으로 만드는 것에 기여하라. 이것이 종교적인 사람이 되는 비결이다. 모든 개인이 이 비결을 따른다면 유혈 참사 없이 발전은 이루어질 것이다."

삶을 축복하기 위한 카비르의 노래

 모든 시인이 깨달음을 얻는 것은 아니다. 대다수는 완전히 취해 있을 때만 시적으로 날아오른다. 한 사람 안에서 깨달음과 시심詩心이 조화를 이루는 모습을 보기란 참으로 어렵다. 그 모습을 볼 수 있다면, 우리는 그 사람을 현자라고 부를 것이다. 그 사람 또한 취해 있지만, 신성에 취해 있다. 신비가 카비르는 그러한 시인이었다. 카비르의 시들은 평범하지 않다. 그의 시들은 겉보기에 단순하지만 매우 심오한 의미가 담겨 있다. 그의 시에는 환희와 광기가 담겨 있고 모든 모순을 포함한다.

 『환희, 잊혀진 언어*Ecstasy the Forgotten Language*』에서 오쇼는 카비르의 아름다운 세계로 우리를 데려간다. "나는 광인 카비르의 가장 깊숙한 내면으로 그대를 초대한다. 그렇다. 카비르는 광인이다. 모든 종교적인 사람이 광인이다. 이성을 신뢰하지 않기 때문이다. 삶을 사랑하기 때문이다. 춤추고 노래할 수 있기 때문이다. 그들에게 삶은 해결해야 할 과제나 문제가 아니다. 삶은 그 속에 스스로 녹아서 사라져야 하는 신비로움이기 때문이다."

카비르는 환희 속에서 노래하고 춤추며 신성함의 궁극적 경험을 우리와 공유한다. 카비르는 시를 쓰지 않았다. 카비르 자신이 시가 되었고, 그의 존재에서 시가 흘러나왔다.

오쇼는 말한다. "시는 카비르의 마음에서 자연스럽게 흘러나온다. 카비르는 가수였다. 카비르는 시인이었다. 누군가가 요청하면 카비르는 거침없이 노래를 불렀다. 아무도 그런 노래를 부른 적이 없다. 카비르는 모두를 찬양한다. 카비르가 그대에게 말하려는 것은 철학이 아닌 순수한 시다. 그것은 종교가 아닌 손짓이다. 반쯤 열린 문이다. 깨끗이 닦인 거울이다. 집으로 돌아가는 길, 자연으로 돌아가는 길이다."

자연은 카비르에게 신이다. 카비르는 사원, 교회, 모스크(이슬람 예배당)를 믿지 않았다. 카비르는 지금 살고 있는 삶을 믿었다. 거기에 신이 있다. 숨쉬고 꽃피우고 흐르면서.

인간이 만든 사원들끼리는 늘 갈등이 있다. 그러나 그러한 결과에 대해 사원들을 비난할 수는 없다. 숭배의 장소들을 오염시킨 것은 바로 인간의 마음이다. 카비르는 그러한 사원과 모스크에서 그대를 불러낸다. 카비르는 그대에게 자연으로 돌아오라고 손짓한다. 삶을 축복하기 위해.

스승과 제자의 관계에서 오는 신비로움

 오쇼는 수피교의 흥미로운 일화 하나를 소개한다. 수피교 스승 주나이드는 제자들에게 이렇게 말했다. "내가 스승님과 함께 살기 시작한 지 3년이 지나도록 스승님은 한 번도 나를 보지 않으셨다. 그러나 나는 그곳을 떠나지 않았다. 계속 스승님 곁에 머물렀다."

 3년 후, 스승은 처음으로 그를 바라보았다. 그를 학생이 아닌 제자로 인정한다는 뜻이었다. 학생은 3년을 견디지 못하고 그곳을 떠날 것이다. 스승이 자신을 바라봐주기까지 그렇게 오랜 시간을 기다리지 못한다. 또다시 3년이 지나는 동안, 스승은 다시 그를 보지 않았다.

 3년 후, 스승은 다시 그를 바라보며 미소 지었다. 스승의 미소는 주나이드의 심장을 관통했다. 스승이 왜 미소를 지었는지 궁금했지만, 스승은 그에게 물어볼 기회를 주지 않았다. 또 다시 3년이 지났을 때 스승은 그를 불러 그의 이마에 입맞춤했다. "내 아들이여, 이제 그대는 준비가 되었다. 가거라. 가서 진리를 설파하라."

하지만 주나이드는 스승의 가르침을 받은 적이 없었으므로 어떤 진리를 의미하는지 알 수 없었다. 그러나 스승이 가라고 했기에 그는 가야 했다. 그래서 스승에게 절을 한 후, 주나이드는 사명을 위해 속세로 떠났다.

헌신자에게 입맞춤하는 스승은 (스승과 제자 사이에) 융합이 일어났음을 알리는 것이다. 오쇼는 말하기를, 영적 구도자는 삶에서 세 단계를 거친다. 학생, 제자, 헌신자다. 학생은 의식이 잠들어 있는 상태다. 제자는 의식이 깨어나기 시작하는 상태다. 헌신자는 매우 의식적이어서 자신이 얼마나 의식적인지를 의식하지 못한다.

헌신자는 스승의 인정을 받는다. 헌신자와 스승의 차이는 없기 때문이다. 헌신자는 어느새 스승으로 성장한다. 그것은 자발적이고 자연스러운 성장이다.

영적인 개척자

구루인 고라크 나트[6]는 나나크, 카비르, 미라만큼 잘 알려진 구루는 아니지만 인도가 낳은 현자들 중에서 가장 독창적이다. 고라크는 영성과 관련된 신비로운 세계의 개척자로 평가받을 만하다. 그는 모든 방법들을 실험한 후 일종의 '영성학'을 창시했다. 그 후 현자들은 그에게 많은 빚을 졌다.

오쇼는 말한다. "고라크는 사슬의 첫 번째 고리다. 그를 통해 새로운 유형의 종교가 탄생했다. 고라크가 없었다면 카비르, 나나크, 다두, 바지드, 아타르, 미라도 없었을 것이다. 고

---

6 고라크 나트Gorakh Nath: 10세기말~11세기초 인도에서 활동한 힌두교의 요가 지도자. 하타 요가를 육체적·정신적으로 수련할 것을 강조한 금욕주의 교단인 칸파타파(派)의 창설자로 알려져 있다.

7 아타르Attar(1136~1230): 페르시아의 신비주의 시인. 코란의 장수(章數)에 맞추어 114편의 시를 저술하였다는 전설이 있지만 현존하는 것은 9종뿐이다. 《새의 말》, 《충언의 서》 등이 알려져 있다.

라크가 없었다면, 그들 모두 존재하지 못했을 것이다. 그들의 뿌리는 기본적으로 고라크에 있다. 그때 이후로 사원은 높게 지어졌다. 이 사원에는 우뚝 솟은 금 뾰족탑들이 있다. 뾰족탑들은 멀리서도 잘 보이지만, 그렇다고 해서 초석보다 중요할 수 없다. 초석은 우리 눈에 보이지 않지만, 바로 그 돌 위에서 완전한 구조물이 세워진다. 첨탑은 숭배된다. 사람들은 초석에 대해 까맣게 잊는다. 고라크는 그렇게 쉽게 잊혀졌다."

고라크는 탄트릭(밀교수행법)으로 잘 알려져 있지만, 실제로 그보다 훨씬 중요한 존재였다. 오쇼는 고라크가 인간의 내적인 삶에 대해 그 누구보다 많이 발견했다고 말한다. 고라크는 인간의 내면으로 이어지는 많은 문을 열었다. 그에게는 아인슈타인이 연상될 정도로 풍부한 독창성과 탐구심이 있었다. 그 위대한 과학자가 우주의 진리를 탐구하기 위해 수많은 방법들을 개발했듯이, 고라크는 인간의 잠재력을 실현하기 위한 수많은 방법들을 새롭게 고안했다.

고라크가 전한 방법들 중에서 가장 주목할 만한 것은 명상에 대한 그의 접근 방식이다. 그는 심각하지 않고 즐겁게 명상할 것을 권한다.

그는 말한다.

"웃고 놀며 밤낮으로 신성한 지식을 공유하는 것, 이것이 명상의 기술이다."

그는 웃고 춤추고 놀며 마음의 거리낌이 없다.

동요하지 않는 그는 신과 늘 함께 있다.

영혼은 우주와 하나이길 원한다

 이런 말이 있다. '자아는 우주를 지배하길 원하지만, 영혼은 우주와 하나이길 원한다.'

 자아는 생각한다. 자아는 자신이 매우 강해 세상을 지배할 수 있다는 착각에 빠진다. 바다를 지배할 수 있다고 생각하는 물결처럼 말이다. 이러한 생각은 터무니없다. 그러나 우리 자아는 이런 식으로 생각하고 상상하며, 우리를 불필요한 투쟁과 불행으로 이끈다. 어떻게 이런 일이 일어나는지 그저 당혹스럽다.

 선 사상에서 이성적인 마음으로 이해하거나 해결하기 어려운 난제를 '공안公案(화두)'이라고 부른다. "한 손으로 손뼉 칠 때 나는 소리는 어떠한가?" 스승이 제자에게 묻는다. 제자는 생각하고 숙고하고 명상한다. 수없이 그 과정을 되풀이한 후, 그는 그 대답을 진리의 명확한 반영으로서 경험한다. 그때 깨달음이 그에게 찾아온다.

또 다른 공안(화두)이 있다. "길을 걷다 붓다를 만나면 붓다를 죽여라!" 아니, 어떻게 제자가 더 이상 몸 안에 머물러 있지 않는 스승을 죽일 수 있는가? 붓다는 2500년 전에 이미 몸을 떠났다. 어디서 붓다를 만나 어떻게 죽인단 말인가? 그리고 왜 죽여야 하는가?

오쇼는 이를 다음과 같이 해석한다. "그 말은 붓다를 진정으로 사랑하는 제자에게, 붓다를 매우 사랑하는 마음에 결국 붓다가 그의 마지막 장애물이 될지 모르는 제자에게 전하는 메시지다. 그가 붓다를 사랑하기 때문이다. 제자이고 산야신이기 때문이다. 그가 명상하며 자신의 내면에 더 깊이 이를수록 붓다에게 더 큰 감사를 느낄 것이기 때문이다. 그러나 스승은 마지막 순간에 뒤로 남겨져야 한다. 그대는 스승에게 작별을 고해야 한다. 이것은 내면에 관한 것이라는 점을 명심하라. 모든 생각이 사라지면 한 가지 생각만이 남는다. 그대의 스승에 관한 생각이다. 스승과 작별하는 것은 매우 어려운 일이다. 그대는 스승에게 많은 빚을 졌다. 스승은 그대의 원천이자, 그대의 변화였다. 스승은 그대의 자양분이었고, 그대의 생명이었다. 스승은 그대의 먼 길을 밝혀주었다. 어떻게 그대의 길잡이이자 벗이었던 스승에게 작별을 고할 것인가? 스승은 그대의 영혼이 어두운 밤을 헤맬 때 든든한 동반자가 되어주었다. 어떻게 새벽이 온다고 스승에게 작별을 고하겠는가? 그런 일은 불가능해 보인다! 제자는 마지막 순간에 스승에 대한 생각에 매달리기 시작한다."

이는 오직 스승과 제자 사이에 일어나는 신비로운 현상이다. 처음에 그대는 제자가 되고 스승에게 헌신한다. 그때 영적인 여행이 시작된다. 그대는 그대의 내면으로 향하기 시작한다. 궁극적인 지점에 도달하는 순간, 거기서 그대의 스승을 발견한다. 이 지점에서 그대는 스승에게 작별을 고해야 한다. 그때 그대의 영혼은 우주와 하나가 된다.

구루와 제자의 관계는 시간을 초월한다

사람들은 자주 이렇게 묻는다. "육신을 떠난 구루는 영적 여행을 떠난 제자가 궁극적으로 의식을 높이는 데 도움을 줄 수 있을까?" 이 주제에 대한 의견은 늘 분분하다. 이 질문에 대한 답은 '그렇다'이기도 하고 '아니다'이기도 하다. 구루는 육신을 떠난 후에도 늘 제자에게 도움을 준다. 단, 진정한 제자와 진정한 구루인 경우에 그렇다.

무엇보다 이는 제자의 감수성과 이해, 그리고 구루에 대한 사랑과 헌신에 달려 있다. 유용한 지식만 얻어 자신의 자아를 키우는 게 목적이라면, 그는 구루에게서 어떤 도움도 받을 수 없을 것이다. 그의 자아는 그와 구루 사이에 놓인 장벽과도 같다. 오직 자신의 자아를 버릴 때만 구루가 주는 깨달음의 보물을 받을 수 있다.

구루는 원래 동양적인 현상이다. 오쇼는 설명한다. "영어로 구루를 대신할 수 있는 말은 없다. 구루와 제자의 관계는 근본적으로 동양적이기 때문이다. 그러한 관계는 서양 문화와 전통에서는 존재하지 않는다. 그래서 서양인들은 구루가 어떤 존재인지를 이해하지 못한다. 기껏해야 선생의 존재만을 이해할 수 있다."

구루는 자기실현과 깨달음을 달성했을 때에야 구루가 된다. 그전에 그는 구루가 아니라 선생일 뿐이다.

구루는 자신의 존재로 제자들을 변화시킨다. 구루는 육체적으로 사라질 때 제자들에게 훨씬 큰 도움을 준다. 육체적 장애물이 사라졌기 때문이다. 구루의 '구현되지 않은' 의식은 명상하는 제자에게 영감을 준다.

오쇼는 강연하는 동안 제자들에게 이렇게 말했다.

"내가 떠날 때 그대들은 아무것도 잃지 않을 것이다. 어쩌면 완전히 의식하지 못한 무언가를 얻게 될지 모른다. 지금 그대들이 영감을 받는 나는 하나의 특정한 형체에 갇히고 그 형체로 구현된 나일 뿐이다. 내가 떠날 때 나는 어디로 갈 것인가? 나는 바람 속에서, 바다 속에서, 여기에 존재할 것이다. 그대들이 나를 사랑한다면, 나를 믿는다면, 그대들은 수많은 방식으로 나를 느낄 것이다. 고요한 순간에 문득 내 존재를 느낄 것이다. 내가 구현되지 않을 때 나의 의식은 우주적이다. 지금 당장 그대는 나에게 와야 한다."

영원한 인도를 찾아서

오라, 우리와 함께 인도를 위해 명상하자. 인도는 본연의 모습을 잊은 듯하다. 깨달음을 얻은 신비가들을 많이 배출한 이 나라는 오늘날 세계에서 가장 부패한 나라가 되고 있다.

인도에서 태어난 현자들과 신비가들은 오늘날의 인도와 현저히 다른 모습의 인도를 상상했다. 그들의 마음속에 그려진 인도와 인도인들은 명상가들과 구도자들이었다.

『우파니샤드』는 선언한다. "암리타시야 푸트라Amritasya putrah! 오, 영원불멸의 자손들이여! 깨어나라!"

오쇼는 이 외침을 듣고 영원의 길을 떠나는 자만이 인도의 진정한 시민이라고 말한다. 이곳에 우연히 태어난 사람들은 진정한 시민이 아니다.

오쇼의 설명에 따르면, 자기실현을 이루고 진리를 얻기 위해 노력하는 사람이 인도의 진정한 시민이다. 어디서 태어났는지는 중요하지 않다. 오쇼가 볼 때, 인도와 영성은 동의어다. 인도와 사나탄 다르마, 곧 종교성의 영원한 흐름은 동의어다. 따라서 인도의 자손들은 전 세계 방방곡곡에 있다. 우연히 인도에서 살고 있지만 영원불멸을 찾기 위해 애쓰지 않는 사람은 인도인이라고 불릴 자격이 없다.

오쇼는 인도가 영원한 순례의 길이라고 말한다. 즉, 사나탄 야트라, 곧 영원에서 영원으로 이어지는 불멸의 길이다. 이 영혼을 지닌 인도는 인도 자신뿐 아니라 전 세계를 위해 다시 깨어날 필요가 있다. 인도는 적극적으로 부활해야 한다. 인도가 어둠 속으로 사라진다면 인류에게 미래는 없다.

인도의 운명은 전 인류의 운명이다. 의식의 성장, 깨달음의 빛, 명상의 꽃핌, 사랑과 자비의 향기는 지구상의 다른 어느 곳보다 인도에서 더 많이 경험할 수 있는 것들이다.

그 까닭은 진리, 요가, 명상에 대한 끊임없는 추구 때문이다. 그것들에 대한 불꽃이 계속 피어올랐기 때문이다. 이 불꽃이 희미해지지 않도록 강한 암시가 시급히 필요하다.

『오쇼 우파니샤드』에서 오쇼는 말한다. "인도는 단순히 지리나 역사가 아니다. 단순히 민족, 국가, 땅 덩어리가 아니다. 인도는 그 이상의 무엇이다. 인도는 하나의 은유이며 시다. 눈에 보이지 않지만 실질적인 무엇이다. 인도는 다른 나라에는 없는 특정한 에너지로 진동한다. 1만 년 동안 수천 명의 사람들이 의식의 궁극적인 정상에 도달했다. 그들의 진동은 여전히 계속되고 있고, 그들의 영향력이 공기 중에 있다. 이 불가사의한 땅을 둘러싼 무엇, 눈에 보이지 않는 무엇을 받아들이기 위한 특정한 능력, 특정한 감수성이 그대에게 필요하다."

평범한 것이 비범한 것이다

신비가 다두 다얄은 오두막에 홀로 앉아 기도하며 영적인 노래를 부르곤 했다고 전해진다.

어느 날 다두 다얄을 찾으러 온 한 경찰이 오두막 밖에서 가시를 제거하고 있는 남자에게 다가가 물었다. 그 경찰의 목소리는 거만했다. 남자는 묻는 말에 대답하지 않고 하던 일만 계속하며 노래를 불렀다. 화가 난 경찰은 다른 사람에게 가서 훨씬 더 거만한 목소리로 물었다. "다두 다얄은 어디에 사는가?"

그 사람은 웃으며 대답했다. "오두막 밖에서 가시를 자르는 사람이 바로 다두 다얄이다."

이 말을 듣자마자 경찰은 당황해서 어찌할 바를 몰랐다. 그리고 다시는 거만하게 말하지 않겠다고 맹세했다.

진정한 현자는 소박하고 가식적이지 않은 사람이다. 그래서 그들을 알아보기가 쉽지 않다. 특히 거만한 사람들은 그들을 알아보지 못한다. 카비르와 다두는 이러한 부류의 현자들이다. 그들은 제자들이 영적으로 성장하는 데 도움을 주었다.

오쇼는 저서 『내가 사랑한 책들 The Books I have Loved』에서 다두에게 찬사를 보냈다. "인도의 또 다른 신비가가 있다. 그에 대해 들어보지 못했을지도 모른다. 그는 형제라는 의미의 '다두'로 불리었다. 다두는 수천 곡이나 되는 노래를 불렀지만 그 곡들을 기록하지 않았다. 다른 사람들이 그의 노래들을 수집했다. 정원사가 떨어진 꽃들을 주워 모으듯이 말이다. 나는 다두에 대해 말해왔다. 다두는 모두가 바라는 정상에 오른 사람이다."

다두는 일본의 선 스승들과 같다. 그들도 평범한 삶을 산다. 그들은 특별한 삶을 살지 않는다. 그들은 "특별함을 추구하는 것이 이기적"이라고 말한다.

오쇼는 말한다. "평범한 것이 종교적인 사람의 진정한 태도다. 특별해지려는 욕구는 매우 평범한 것임을 명심하라. 거기에는 특별함이 없다. 모두가 특별해지길 바라기 때문이다. 평범한 것이 매우 특별한 것이다. 과연 누가 평범해지길 바랄 것인가?"

CHAPTER 11

선

진정한 기도는 기도하는 것이다. 기도하는데 말은 필요 없다. 진정한 기도는 순수한 침묵이다. 깊은 침묵에 빠지는 것이다. 사실 진정한 기도란 신에게 말하는 것이 아니라 완전한 존재에게 절하는 것이다. 그것은 말이 아니다. 신은 모든 곳에 있다. 모두가 신이다. 그래서 그대는 깊은 감사와 환희와 즐거움과 사랑을 담아 절을 할 뿐이다.

—오쇼

선의 방법: 다만 존재하기

『자신만만한 여성 *The Confident Woman*』의 저자 마조리 한센은 그 책에서 사람을 일컬을 때 매우 흥미롭게도 '인간 존재human being' 보다 '인간 행위human doing' 이라는 말을 사용한다.

동양의 신비가들도 이 두 부류에 대해 말했다. '행위doing' 는 우리의 카르마※이고 '존재being' 는 우리의 의식이다. 아침에 일어나서 밤에 잠들 때까지 우리는 다양한 활동을 한다. 잠이 들면 우리의 마음은 꿈을 꾼다.

그러나 안타깝게도 이 삶의 은총은 충분한 관심과 자양분을 받지 못한다. 오로지 우리의 관심 대상만이 자양분을 받을 수 있다. 그것이 삶의 법칙이다. 관심 부족은 궁핍을 불러온다.

부정적인 것들에 관심을 주면 부정적인 것들이 자양분을 얻고 자란다.

한편, 절제가 필요하다. 우리는 모든 활동을 잠시 접고 우리의 존재를 느낄 시간이 필요하다. 선 스승들은 이를 위해 가만히 앉아 있을 것을 권한다. 삶에는 일부러 무언가 하지 않아도 저절로 일어나는 것들이 있다. 그것들이 삶의 은총인 이유가 그 때문이다.

오쇼는 말한다. "존재는 존재하기 위해 존재한다. 우리 마음은 이 의미를 이해하지 못할지도 모른다. 이것은 초월적 영역에 속해 있으므로."

나타라지 : 춤추는 자와 춤의 합일

 우리는 자주 신에 대해 궁금증을 느낀다. 신은 어디에 살까? 신은 정말 존재할까? 이 물음은 아주 먼 옛날부터 철학자들뿐 아니라 보통 사람들을 줄곧 괴롭혔다.

 베단타[1]와 선은 이 물음에 대한 적절한 답을 제시한다. 그들은 자신의 상징적인 언어로 '합일'에 대해 말한다. 『우파니샤드』는 신이 창조물과 분리되어 있지 않다고 말한다. 창조물과 창조성은 하나다. 신은 자신의 창조물 속에 숨어 있다. 무용수가 자신의 춤 속에 빠져 있듯이. 힌두인들은 신을 나타라지라고 표현한다. 무용수와 춤은 서로 분리되지 않는다.

---

[1] 베단타Vedanta: '베다(Veda)의 결론(anta)'이라는 말로 우파니샤드를 가리킴.

오쇼는 깨달음과 영성을 위한 나타라지 명상에 대해 말한다. 오쇼는 20세기의 가장 위대한 무용수인 니진스키를 예로 든다. 니진스키는 자신의 춤 속에 빠져든 나머지 관객들이 그가 춤 속으로 사라졌다고 느끼게 만드는 순간들이 있었다. 그 다음 순간 기적이 일어난다. 그 무용수는 매우 높게 뛰어오르기 시작한다. 중력이 허용하지 않을 만큼 높게. 위에서 내려오기 시작할 때 그는 깃털처럼 천천히, 부드럽게 내려온다.

오쇼는 황제의 부름을 받은 한 화가에 대한 이야기도 전한다. 왕은 그 화가에게 궁의 벽면에 히말라야를 그리라고 명했다. 화가는 그림을 완성하려면 3년이라는 시간이 필요하다고 말했다. 황제는 그 말에 아연실색했다. "3년이나 걸린다니?"

"최소한의 시간을 말씀드리는 겁니다. 제 스스로 히말라야의 일부가 되지 못한다면 저는 히말라야를 그릴 수 없을 것입니다. 히말라야의 진정한 그림을 그리려면 히말라야로 가서 히말라야 속으로 사라져야 합니다." 화가는 그렇게 설명했다.

3년 후 화가는 돌아와 사흘 만에 벽화를 완성했다. 황제는 그 그림을 보고 경탄을 금치 못했다. 그렇게 아름다운 히말라야를 지금껏 본 적이 없었다! 황제는 그 아름다움에 매료되어 섬세한 부분까지도 눈여겨보았다.

황제는 이렇게 물었다. "저 산 주위에 꼬불꼬불한 길이 보이는구나. 어디로 이어지는 길이냐?"

화가는 말했다. "잠시만 기다리십시오. 제가 가서 보고 오겠습니다." 그리고 화가는 그림 속으로 사라져 다시는 돌아오지 않았다. 이 이야기는 자신이 그림의 일부가 된 화가의 완벽한 예다. 그리고 이것은 명상의 또 다른 형태이기도 하다.

자기실현이 환희에 이르는 길이다

우리는 다른 사람들의 의견에 지나치게 중요성을 부여한다. 그 까닭은 우리가 자신을 잘 알지 못하기 때문이다. 이는 우리가 자기실현을 달성하지 못했기 때문이다. 심리학적으로 볼 때 이것이 우리의 주된 불안이다. 우리는 다른 사람들에게 공격 혹은 비난을 받을 때 과도하게 민감해지고 늘 방어적이게 된다. 우리의 모든 정체성과 이미지는 우리가 아닌 다른 사람들이 만든다. 우리는 늘 불안 속에 있다. 사람들이 자신의 의견을 계속 바꾸기 때문이다.

오쇼는 말한다. "의견은 날씨와 같다. 날씨는 늘 같지 않다. 아침에 흐렸다가 지금은 구름 한 점 없이 맑다. 지금 태양이 떴다가도 다음 날 아침이면 비가 내린다. 의견은 구름과 같고,

날씨와 같다. 이 상황은 불행의 악순환을 창조한다. 여기서 벗어나기 위한 유일한 방법은 자기실현이다. 자기실현을 달성한 사람은 그러한 상황에 어떻게 반응하는가?"

매우 깊은 의미를 담고 있는 선 이야기가 있다.

선 스승 하쿠인[2]은 이웃 사람들에게서 청렴한 삶을 사는 승려라고 인정받고 있었다. 어느 날 하쿠인의 오두막 근처에 사는 한 아름다운 아가씨가 임신한 사실이 밝혀졌다. 여자의 부모는 매우 화가 났다. 처음에 여자는 아이의 아버지가 누군지 말하지 않았지만, 계속 추궁 받는 통에 아버지가 하쿠인이라고 말해버렸다. 단단히 화가 난 부모는 그 즉시 하쿠인에게 가서 따졌다. 그러자 하쿠인은 이렇게 말했다. "그러한가?" 아이가 태어난 후, 아이는 하쿠인에게 보내졌다. 그때부터 하쿠인에 대한 사람들의 평판는 나빠졌지만 그는 전혀 개의치 않았다. 하쿠인은 아이를 열심히 돌봤다. 젖과 음식 등 아이에게 필요한 모든 것을 이웃 사람들에게서 동냥했다.

1년 후, 그 젊은 엄마는 더 이상 사실을 숨길 수 없었다. 그래서 부모에게 아이의 진짜 아버지는 어시장에서 일하는 젊은 남자라고 솔직히 털어놓았다. 여자의 부모는 하쿠인에게

---

2 하쿠인Hakuin(1685~1768): 대중 포교 활동을 통해 일본 임제종을 부흥시킨 고승. 수행자들의 귀감이 되는 『야선한화』와 『원라첨부』를 집필하였다.

가서 그에게 자초지종을 말한 후 정중히 사과했다. 그렇게 용서를 빈 후 하쿠인에게서 아이를 돌려달라고 했다. 스승은 "그러한가?"라고 말하며 기꺼이 아이를 그 부모에게 보냈다.

「물도 없고, 달도 없다 No Water, No Moon」라는 강연에서 오쇼는 이렇게 설명한다. "하쿠인의 내면에서 무슨 일이 일어났나? 아무 일도 일어나지 않았다! 하쿠인은 사람들이 자신을 아이의 아버지로 믿고 있다는 이야기를 듣고 이렇게 말했다. '그러한가?' 그 말이 전부였다! 하쿠인은 이런 식으로든 저런 식으로든 전혀 반응하지 않았다. 가타부타 말이 없었다. 그는 자신을 방어하지 않았다. 자신을 있는 그대로 노출했기 때문에 공격 받기 쉬웠다. 순수함은 공격받기 쉽다. 순수함은 자신을 완전히 드러내기 때문에 공격에 취약하다. 그대가 자신을 방어할 때마다, 이것이 그래서 아니라고 말할 때마다, 그대는 두려움을 느낀다. 두려움만이 사람을 방어적으로 만든다. 두려움이 없다면 방어적일 필요가 없다. 그대의 두려움은 늘 그대를 갑옷으로 단단히 무장하게 만든다.
　자기 자신을 아는 사람은 남들이 자신에 대해 어떻게 생각하든 개의치 않는다.

지금 여기에 사는 것이 선이다

삶을 향한 선의 접근 방식은 매우 실용적이다. 그것은 철학이 아닌 명상에 관한 것이다. 철학과 명상은 서로 반대편에 있다. 철학이 근본적으로 생각에 관한 명상이라면, 선은 생각을 넘어선 영역에 속한다.

철학이 현실의 본질을 유추한다면, 선은 현실을 직접 경험한다. 현실은 크리슈나무르티의 말대로 '있는 그대로'다.

이 현실은 지금 이 순간을 자각하는 것이고 과거와 미래가 아닌 지금 이 순간을 사는 것이다. 수행자들은 선 스승에게서 이 점을 배운다.

한 선 스승과 제자들이 문답식으로 주고받은 이야기가 있다. 한 제자가 물었다. "열심히 진리를 추구할 때 미래에 얻을 수 있는 것은 무엇입니까?"

스승은 대답했다. "집과 가까운 질문을 하라."

이번에는 다른 제자가 알기를 원했다. "어떻게 하면 과거의 어리석은 행위들이 저를 비난하는 걸 막을 수 있습니까?"

스승은 다시 대답했다. "집과 가까운 질문을 하라."

세 번째 제자가 손을 들어 말했다. "스승님, 집과 가까운 질문을 하라는 것이 무슨 의미입니까?"

"멀리 보기 위해서 먼저 가까이 있는 것을 보라. 지금 이 순간에 집중하라. 미래와 과거에 대한 답이 모두 여기에 있기 때문이다. 지금 무엇이 그대의 마음에 떠올랐나? 지금 그대는 내 앞에 편안히 앉아 있나, 아니면 긴장하며 앉아 있나? 그대는 나에게 완전히 집중하는가, 아니면 일부만 집중하는가? 먼 대답들로 이어지는 가까운 질문들이 바로 이것들이다."

지금 여기에 있어라! 이것이 바로 삶을 향한 선의 접근 방식이다. 영적인 구도는 지금 여기에 있는 것이라고 오쇼는 말한다. 갈망하는 마음이 없을 때 비로소 지금 여기에 있을 수 있다. 흔들리는 추처럼 마음이 과거로, 기억 속으로, 미래로, 욕망 속으로, 꿈속으로 왔다 갔다 한다. 그것은 지금 여기에 있는 것이 아니다. 그것은 언제나 지금 여기의 중요성을 놓친다.

우리는 과거와 미래 사이에서 왔다 갔다 하는 동안 현실을 놓친다. 현실은 지금 여기다. 과거도 미래도 아니다. 늘 현존하는 바로 지금이다.

지금은 오로지 순간이다. 지금은 오로지 시간이다. 지금은 지나가지 않는다. 지금은 영원하다. 지금은 늘 여기에 있으나 우리는 여기에 있지 않다. 그래서 영적 구도자가 되는 것은 지금 여기에 있는 것을 의미한다. 그대는 그것을 명상, 요가, 기도라고 부를 수 있다. 무엇이라 부르든 상관없다. 그러나 생각은 아니다.

생각은 과거 혹은 미래가 있을 때만 존재한다. 그렇지 않으면 생각은 없다.

ㄱ

고드세^{Godse}: 간디를 암살한 인물. _ p62.

고라크 나트^{Gorakh Nath}: 10세기말~11세기초 인도에서 활동한 힌두교의 요가 지도자. 하타 요가를 육체적·정신적으로 수련할 것을 강조한 금욕주의 교단인 칸파타파(派)의 창설자로 알려져 있다. _ p322.

구루^{Guru}: 힌두교, 불교, 시크교 및 기타 종교에서 일컫는 영적 스승으로 자아를 터득한 신성한 교육자를 지칭한다. _ p12, 161, 202, 207, 303, 304, 305, 311, 312, 322, 328, 329.

구루쿨^{Gurukul}: 구루와 기숙하며 공부하는 고대 학교. _ p12.

ㄴ

나가르주나^{Nagarjuna(150?~250?)}: 용수龍樹. 초기 대승불교(大乘佛敎)사상을 연구하고 그 기초를 확립하여 8종(八宗)의 조사(祖師)로 불린다. 일체의 것이 독립적으로 존재할 수 없으며 공의 입장에서 보는 중도적 입장을 취했기 때문에 후세에 중관파(中觀派)라고도 불렸다. 주요 저서에《중론》,《회쟁론(廻諍論)》등이 있다. _ p308, 309, 310.

나나크^{Nanak}: 힌두교와 이슬람교를 통합한 시크교의 시조. 형식주의를 비판하며 기성종교의 각종 의식·우상숭배를 배척하였고, 인간은 평등하다 하여 카스트 제도도 인정하지 않았다. 따라서 힌두교와 이슬람교가 말은 달라도 신은 같으며, 어떠한 계급·종족을 막론하고 다 같이 신에게 접근할 수 있다고 역설하였다. _ p51, 207, 213, 238, 311, 322, 323.

ㄷ

다두Dadu: 중세 인도 종교가. 그는 《바니(詩語)》라 불리는 종교 시집을 저술하여 다두파의 시조가 됨. 이 파의 중심은 고행자이고, 그것을 세바크(sevak ; 봉사자)라 불리는 신도들이 원조하는 형태를 취하고 있다. _ p94, 323, 334, 335.

다르위시Darwish: '왕자의 마음을 지닌 청빈한 자'로 이슬람교가 도시 하층 서민과 농민들 속에 급속히 퍼지면서 여러 교단이 조직 됨. 한자리에서 회전하며 빙빙 도는 회전 명상을 통해 신비한 체험을 하는 것. _ p44.

ㄹ

라다Radha: 힌두교의 2대(二大神) 신의 하나이며, 인도 신화에 나오는 크리슈나의 연인. _ p256, 257, 258.

라마Rama: 인도 신화에 나오는 비슈누 신의 일곱 번째 화신이며 인도의 대서사시 《라마야나》의 주인공이기도 하다. _ p62.

라마나 마하리쉬 Ramana Maharishi(1879~1950): 침묵의 성자. 자신의 체험을 바탕으로 한 가르침을 편 그는 '자아탐구'를 깨달음에 이르는 가장 최고의 길이라 하면서 특별히 이 길을 가기가 어려운 사람에게만 헌신의 길을 권유하였다. _ p207.

라바나Ravana: 인도의 서사시 《라마야나》에 등장하는 나찰(羅刹)의 왕. _ p62.

라마크리슈나Ramakrishna(1836~1886): 인도의 신비주의적 종교가. 불이일원론에 바탕을 두고, 모든 종교에서 신(神)에 이르는 길은 같다고 주장하였다. 자신 속에서 신을 실현하고 체험하는 것은 이성적인 차원의 분별지를 통해서가 아니라 직관과 사랑, 그리고 믿음과 헌신으로 가능하다고 가르침. _ p207.

라스Raas: 성스러운 축복 또는 성스러운 춤. _ p40, 107, 108, 329.

루바이야트Rubaiyat: 페르시아의 수학자·천문학자이자 시인인 우마르 하이얌의 4행 시집. 모두 1,000편에 달하는 4행시를 썼으며, 영국의 시인 피츠제럴드가 영어로 번역함으로써 유명해졌다. _ p44.

릴라Leela: 유희. _ p40, 65, 107.

ㅁ

마하비라Mahavira: 자이나교의 시조. '살아 있는 것이 살아 있는 것을 해치는' 고뇌의 현실세계를 직시하고 반성해서 괴로움의 원인인 업(業:카르마)을 제거하여, 더럽혀지지 않은 본성적 자기를 회복하기 위하여 불살생(不殺生) 등의 철저한 금욕주의를 지켜야 한다고 가르쳤다. _ p51, 73, 91, 93, 207, 238, 242, 243, 244.

마하라스Maharass: 세속적인 즐거움과 탐욕으로부터 멀리하기 위한 춤. _ p108, 258.

만트라Mantra: 진언眞言. 석가의 깨달음이나 서원(誓願)을 나타내는 말. 불교에서 진실하여 거짓이 없는 신주(神呪)를 뜻함. _ p141, 155, 200.

물라다라 차크라 Muladhaar chakra: 척추 가장 아래에 위치. _ p220.

미하일 나이미 Mikhail Naimy(1889~1988): 레바논의 문학 평론가이자 극작가, 시인, 수필가. _ p88.

미라 바이 Meera Bai(1450~1547): 중세 힌두 신비주의자이자 시인. 크리슈나 신을 찬양하는 그의 서정시들은 북인도에서 폭넓게 애송되고 있다. _ p207, 213, 238, 322, 323.

밀라레파Milaropa(1040~1123): 티베트의 불교학자. 마르파의 제자로 차크라(Cakra)라는 기공(氣功)과 운행에 중심을 둔 수신법을 전수받았다. 마하무드라 경지를 《십만가요》에 읊었다. _ p207.

메디나Medina: 이슬람교 성지이며, 메카 북쪽 약 340km 지점, 와디함두강 상류의 오아시스 지역에 있다. '메디나'라는 이름은 본래 '예언자의 도시'라는 말의 준말이다. _ p25.

메블라나 잘랄루딘 루미 Mevlana Jelaluddin Rumi(1207~1273): 이란의 시인으로 페르시아 문학의 신비파를 대표한다. 대서사시인 《정신적인 마트나비》는 수피즘의 교의·역사·전통을 노래한 것으로 '신비주의의 바이블'로 불린다. _ p44.

메카Mecca: 이슬람의 가장 신성한 도시로 사우디 아라비아의 마카 주의 수도. 무슬림에서는 일생에 한 번 이상 순례할 것을 의무함. 어떤 집단의 중요한 장소를 가리키는 대명사가 되었다. 비유적 표현. _ p25.

ㅂ

바가바드 기타 Gita: 힌두교에서 3대 경전의 하나로 여기는 중요 경전. 약칭하여 《기타》라고도 한다. '지고자(至高者: 神)의 노래'라는 뜻. 고대 인도의 대서사시(大敍事詩) 《마하바라타》 가운데 제6권 〈비스마파르바〉의 제23~40장에 있는 철학적·종교적인 700구(句)의 시를 말한다. _ p39.

바울Baul: 주로 벵골 지역에서 유랑하는 음유 시인. 그들은 신을 사랑하고 신을 찬양하는 것을 생의 최고의 목적으로 삼는다. _ p169, 170, 171, 307.

바이디아Vaidya: 의사. _ p311, 312.

바이오피드백Biofeedback: 뇌파를 이용해 정신 상태를 안정시키는 기법. _ p200, 201.

발우鉢盂: 탁발할 때 사용하는 그릇(보시기). 동냥그릇. _ p309.

보리Bodhi: 궁극적 깨달음. _ p89, 280.

보리달마Bodhidharma: 중국 선종(禪宗)의 시조(始祖). 달마는 부처로부터 28대 조사(祖師)이며, 정법을 전하기 위하여 중국에 건너왔다. 불립문자(不立文字), 교외별전(敎外別傳 ; 문자·언어·경전에 의해 전해지는 것이 아닌 사제의 마음에서 마음으로 직접 전해진다)·직지인심(直指人心), 견성성불(見性成佛 ; 바로 자기의 마음을 파악함으로써 자신이 본래 부처였음을 깨닫는 것)의 4구절에 그 교의와 역사가 집약된다. _ p51, 94, 180, 181, 207, 281, 293, 294.
베다Veda: 인도 바라문교 사상의 성전이며 가장 오래된 경전. _ p85, 86.
베단타Vedanta: '베다(Veda)의 결론(anta)'이라는 말로 우파니샤드를 가리킴. _ p341.
브라마Brahma: 범천(梵天) 비인격적인 중성(中性)의 브라만(梵)을 남성형으로 인격화한 힌두교의 창조신. _ p14.
브라만Brahman: 인도 카스트 제도의 가장 높은 계층으로 주로 성직자 계층. 브라만은 브라만교 우주의 근본 원리이다. 아트만이 인격적 원리라면 브라만은 중성적(中性的) 원리라 할 수 있다. _ p13, 14, 83.

ㅅ

사라하Saraha: 나가르주나(龍樹)의 스승이며 탄트라 불교의 4대 조사.
사하즈 요가 Sahaj: 사하자 Sahaja. 자연의 길(自然道). '어떤일이 일어나든 거기에 저항하지 않는다'는 뜻으로 모든 일을 있는 그대로 받아들이는 태도를 가르킴. _ p207.
산냐시Sannyasi: 힌두교의 고행자. _ p62, 206.
삼매三昧: 불교 수행의 한 방법으로 심일경성(心一境性)이라 하여, 마음을 하나의 대상에 집중하는 정신력. _ p22, 248.
삼보리: 완전한 깨달음의 지혜. _ p248.
산사리Sansari: 윤회. _ p62.
산야스Sannyas: 온갖 욕망을 내려놓고 명상에 전념하는 일. _ p68, 69.
산야신Sannyasin: 구도자. _ p69, 149, 186, 261, 290, 326.
샤크티Shakti: 시바 신의 배우자로 활동, 창조, 생식 등을 의미. 여성 에너지를 세계 창조의 원천으로 믿어 왔다. 탄트라에 의하면 시바 신은 순수 정신이며 비인격이며 무활동성이다. 시바는 샤크티와 결합했을 때 비로소 창조 활동을 할 수 있다고 한다. _ p253, 254, 255.

샹카라Shankara: 인도의 최고의 철학자이다. 그는 남부 인도에서 출생하여 베다를 학습하고 유행자(遊行者)로서 여러 지방을 편력하면서 다양한 기적을 행하였다. 그는 〈브라흐마 수트라 주해(註解)〉를 비롯한 책을 저술하였으나 불이일원론(不二一元論)을 주장하였다. _ p51.

성 프란체스코 Francesco d'Assisi 1182 ~ 1226: 가톨릭 성인. 프란체스코회 창립자. 아시시의 부유한 상인 집안에서 태어났다. 20세에 회심하여 모든 재산을 버리고 평생을 청빈하게 살며 이웃 사랑에 헌신했다. 1224년에 성흔을 받은 것으로 유명하다. 《태양의 찬가》 같은 뛰어난 시도 남겼다. _ p194.

스와미Swami: 힌두교의 학자, 성자에 대한 존칭. _ p38, 186, 261.

시바Shiva: 힌두교 신화에 나오는 신. 원래는 부와 행복, 길조를 의미하는 신이었으나 나중에 창조와 파괴의 신이 된다. _ p253, 254, 255, 284.

심라Shimla: 인도 북서부에 위치. _ p14.

ㅇ

아나파나사티Anapana-sati: 팔리어로 직역하면 Ana(들이쉬는 숨, 들숨) + pana(내쉬는 숨, 날숨) + sati(마음챙김)을 뜻한다. 위파사나와 다른점은 들숨과 날숨의 사이에 존재하는 호흡이 잠깐 멈추어진 상태를 관찰하는 수행. _ p30.

아난다Ananda: 석가모니 10대 제자 중 한사람으로 오랫동안 부처님 옆에서 말씀을 가장 많이 들었으므로 다문제일(多聞第一)이라 불린다. 경(經) 편찬에 참여하여 후대에 전해지도록 한 인물. _ p37.

아드바이타Advaita: 인도 6파 철학의 하나인 베단타학파에 속하는 불이일원론 不二一元論. _ p24.

아슈타바크라Ashtavakra: 아슈타는 "8가지"라는 의미고, 바크라는 "굽다, 병신"이라는 의미로서 아슈타바크라는 팔불출 또는 여덟가지(팔) 병신이라는 말이라고 한다. 왜냐하면 그의 온몸이 정상적인데가 없이 팔, 다리, 목, 등, 눈,

입 등이 모두 비정상으로 굽어졌거나 삐뚤어 있어서 몸이 생긴대로 그런 이름이 붙은 것이다. _ p51.

아유르베다Ayurveda: 인도의 전통의학. 아유르(Ayur)는 '장수', 베다(veda)는 '지식'이라는 뜻으로 생명(건강)과학을 의미한다. 이 의학 체계는 인도에서 오천년 이상 동안 일상생활에서 쓰여 왔다. _ p87.

아타르Attar(1136~1230): 파리드 앗 딘 아타르. 페르시아의 신비주의 시인. 코란의 장수(章數)에 맞추어 114편의 시를 저술하였다는 전설이 있지만 현존하는 것은 9종뿐이다. 《새의 말》, 《충언의 서》 등이 알려져 있다. _ p79, 323.

아트만Atman: 인도 철학에서 중요한 개념으로 원래는 '기식(氣息)'을 의미하였으나 '생기(生氣)', '신체', 그 밖에 '자신'의 뜻한다. 철학적 개념으로서는 '자아', '개인아(個人我)', '영혼', 나아가서는 '본체(本體)', '만물 속에 내재하는 영묘한 힘'을 의미한다. _ p312.

오마르 하이얌 Omar Khayyam(1048~1131): 페르시아의 수학자·천문학자·시인. 저서에 시집 《루바이야트》 등이 있다. _ p44.

요가수트라yoga sutras: 인도의 힌두교 사상가 파탄잘리가 엮은 책으로, 요가의 수련 과정을 8단계로 체계화함. _ p284.

요기Yogi: 요가 수행자. 어떤 의미에서 모든 구도자도 여기에 해당 됨. _ p50.

우파니샤드Upanishads: 브라만교의 성전 베다에 소속하며, 근본 사상은 만유의 근본원리를 탐구하여 대우주의 본체인 브라만(梵)과 개인의 본질인 아트만(我)이 일체라고 하는 범아일여(梵我一如)의 사상으로 관념론적 일원철학을 설한다. _ p12, 83, 85, 284, 285, 331, 332, 341.

위파사나Vipassana: 매순간 마음의 대상이 되는 물·심의 현상(법)을 무상(변함)과 무아(실체없음)로 철견하고 통찰을 계속하는 것. _ p30, 142, 286.

ㅈ

짜라투스트라Zarathustra(B.C.628~B.C.551): 고대 페르시아의 종교가. 조로

아스터교의 창시자로 세계는 선신과 악신의 투쟁장이며 결국 선신이 이기게 된다고 역설함. _ p119, 120, 207.

잭 대니얼스: 미국산 최고급 위스키. _ p119.

조건화Conditioning: 문화와 전통, 사회, 종교, 도덕 등이 교육이라는 매체를 통하여 구성원의 심리를 일정한 틀로 조건지우는 것. _ p89.

ㅊ

차이타니아Chaitanya: 근본적이며 충만한 신성한 의식. 만트라와 관련해서 쓰일 때는 정신을 무의식적으로 명상적인 평온상태로 끌어가는 상태를 말함. _ p312.

체스터턴G. K. Chesterton: 20세기의 가장 영향력 있는 영국 작가. 다양한 저널리즘, 철학, 시집, 전기, 로마 가톨릭 작가, 판타지와 탐정소설 등을 다작했다. _ p25.

ㅋ

카바Kabah: 이슬람교에서 가장 신성한 신전. _ p89.

카비르Kabir: 수피즘(회교 신비주의)과 박띠운동(신에의 절대적 헌신)이 낳은 위대한 영감의 원천이며, 인도 민중 문학의 아버지이다. 카비르는 1440년경 인도의 베나레스 지방에서 태어나 평생을 그곳에서 베를 짜며 살았다. 일체의 종교 행위, 경전, 교리, 고행 등의 위선적인 형식을 배격한 카비르는 그는 단 한 줄의 시(詩)도 손수 쓰지 않았다고 한다. 그러나 그가 남긴 영혼의 말들은 그를 따르던 제자들에 의해서 아름다운 시(詩)로 우리에게 전해지고 있다. _ p28, 130, 207, 213, 238, 247, 305, 315, 317, 318, 319, 322, 323, 335.

카이저링Keyserling(1855~1918): 독일의 소설가. 풍부한 정서와 우수가 깃든 소설이 그의 특징이다. 《베아테와 마레일레》, 《후작부인》 등의 단편 외에 장편 소설과 희곡도 많이 썼다. _ p123.

카피어Kafir: 이슬람교도가 비이슬람교도를 비하하여 칭하는 말. _ p287.
칸사Kansa: 잔혹한 폭군. _ p62.
쿤달리니Kundalini **명상**: 몸과 마음의 이완을 통해 마음의 평안에 이르는 것. 모두 4단계로 흔들기(Shaking period), 춤추기(Dancing period), 침묵하기(Silence period), 이완기(Relaxation period) 등으로 이뤄진다. _ p218, 219, 220.

ㅌ

탄다브Tandav: 시바신이 추는 우주의 춤. _ p188,
탄트라Tantra: 밀의적 수행법을 다룬 다양한 종류의 경전들. _ p112, 207, 284.
투리야Turiya: 꿈, 잠, 깨어 있음, 이 세 가지 상태를 초월하여 있는 깨어 있는 잠의 상태. _ p48,
티르탕카라Tirthankara: 구원자. _ p93, 242.
티무르Timur: 중앙아시아 티무르왕조의 창시자이며 이슬람교를 신봉하는 투르크인 정복자. 주로 인도에서 러시아를 거쳐 지중해까지 정복하는 과정에서 행한 야만적 행위와 그가 세운 왕조의 문화적 업적으로 널리 알려져 있다. _ p63, 92.

ㅍ

파르바티Parvati: 시바의 첫 부인인 사크티의 환생이라고 하며, 파괴적인 여신들인 칼리와 두르가와 동일시 되곤 한다. _ p253.
파탄잘리Patanjali: '절대자아'. BC 150년 무렵 활동한 인도 산스크리트 문법학자. 인도 요가학파의 대표 경전이라 할 수 있는 《요가 수트라》의 저자. _ p51, 207.
포대화상: 布袋和尙. 자루를 메고 다니면서 중생들이 우너하는 것을 베풀어 포대화상으로 불림. _ p125.

프라나야마Pranayama: 요가호흡법. 프라나야마는 '프라나(Prana)'와 '아야마(ayama)' 또는 '야마(yama)'라는 단어의 조합으로 되어 있는데 프라나는 에너지, 기(氣), 생명력의 원천을 뜻하며, 아야마는 확장, 팽창, 늘어난다는 뜻과 야마(yama)는 억제, 조절한다는 의미가 복합된 뜻이다. _ p30.

피닉스Phoenix: 이집트 신화의 불사조, 500~600년에 한 번씩 스스로 타 죽고 그 재 속에서 다시 태어난다는 영조靈鳥. _ p69.

ㅎ

하이데거Heidegger: 20세기 실존주의의 대표자로 꼽히는 독창적인 사상가이며 기술사회 비판가이다. 당대의 대표적인 존재론자였으며 유럽 대륙 문화계의 신세대에게 커다란 영향을 끼쳤다. _ p92.

하쿠인Hakuin(1685~1768): 대중 포교 활동을 통해 일본 임제종을 부흥시킨 고승. 수행자들의 귀감이 되는 『야선한화』와 『원라첨부』를 집필하였다. _ p345.

하킴 사나이 Hakim Sanai: 12세기 아프가니스탄의 위대한 수피 스승. _ p207.

옮긴이 이지선
단국대 영문학과 졸업. 현재 전문번역가로 활동하고 있다.
옮긴 책으로 〈반 고흐 컨스피러시〉, 〈플라타너스 나무 위의 줄리〉, 〈마이너리티 리포트〉 등의 소설과 평전 〈에비에이터— 세계의 하늘을 장악한 하워드 휴즈〉, 〈세상을 유혹한 여자 마릴린 먼로〉 등이 있다.

오쇼의 향기

2009년 12월 15일 1판 1쇄 인쇄
2009년 12월 20일 1판 1쇄 펴냄

지은이 | 스와미 챠이타냐 키르티
옮긴이 | 이지선
디자인 | 송원철
편   집 | 한정아
발행인 | 김정재 · 김재욱

펴낸곳 | 나래북 · 예림북
등록 | 제 313-2007-27호
주소 | 서울 마포구 합정동 373-4 성지빌딩 616호 ⓤ 121-884
전화 | (02) 3141-6147
팩스 | (02) 3141-6148
이메일 | scrap30@msn.com

ISBN 978-89-94134-00-0 03840
* 잘못 만들어진 책은 구입하신 서점에서 교환해 드립니다.
* 값은 뒤 표지에 있습니다.